U0501060

Dr. Tatiana's Sex Advice
To All Creation

性别
战争

〔美〕**奥利维娅·贾德森** 著

杜然 译

北京联合出版公司
Beijing United Publishing Co.,Ltd.

只 为 优 质 阅 读

好
读

Goodreads

献给霍勒斯，是你教会了我写作

就像一个打小身体不好的人，意外活成了人瑞，这本书的顽强，让人忍不住赞美生命。要知道，这是我第三次为这本书写译者序。喜形于色的，除了我，当然还有作者、出版商和版权代理商，虽然大家高兴的理由未必完全一致。

这本书中文版的诞生，始于一封电子邮件。在它的英文版出版后不久，我收到良师布莱恩转来的《经济学人》（*The Economist*）杂志上的一篇书评。布莱恩并非我学业上的老师，更多的是观点态度或者立场的点拨者，所以他多少了解我的趣味。

那篇文章评的正是这本《性别战争》。从评论看，这是本极好玩的书。从正在等待精子的果蝇到不愿意沦为性机器的狮子，动物们将各自在性爱中遇到的种种困扰，向塔蒂亚娜博士倾诉，博士的回答则融合了生物进化方面的知识。原来，科普读物可以这么写。

　　从英文开始，这本书陆续以30多种文字出版，并在多国成了畅销书。因为题材涉性——虽然是动物的性事，有人觉得，拟人的写法真脏啊。当然，时过境迁，现在你手上的这本是妙趣横生的"全见版"。

　　对于语言的搬运工来说，当你敲下最后一个句号，往往意味着挥手诀别。但这本《性别战争》，却一再地回到我的生命中。这大概就是一本受欢迎的好书给予译者的最高嘉勉吧。

目 录

痛苦与极乐：塔蒂亚娜博士的几句话

在工作中，我经常被问及许多问题。这些问题千奇百怪、无奇不有，简直超出你的想象。其中被问得最多的问题是：为什么我会成为一名性爱专家？答案其实很简单：在我认识到生命中没有什么比性更重要、更有趣，或者说更麻烦之后，我就决定献身于性的研究事业。

如果不是为了性，大自然中绝大多数艳丽、漂亮的东西将不复存在：植物不会绽放花朵，鸟儿不再啾唧歌唱，鹿儿不再萌发鹿角，心儿也不会怦怦乱跳。但如果你问究竟什么是性，不同的生物会给出不同的答案：人类和许多动物会说性就是性交；青蛙和绝大多数的鱼类会说性行为就是双方在战果中排出卵子和精子；蝎子、千足虫和蝾螈会告诉你，性行为就是雄性将一包包的精子排在地上，等待雌性坐上去后，精子包就会破裂，然后精子就会进入她的生殖道；海胆会说性行为就是在海水中排出卵子和精子，希望它们能在茫茫的海浪中找到对方；对开花植物来说，性行为就是拜托风儿或者昆虫将花粉捎给一朵等待中的雌花。

　　为了繁衍的成功，每种方法都各有特色。一朵雄花若希望他的花粉能撒播给尽可能多的配偶——就像拈花惹草的花花公子那样——就必须全力勾引蜜蜂而不是雌花。为了吸引异性，有些动物穿上华丽的外衣，如靓丽的羽毛或者夸张的鳍。他们或者又唱又跳地折腾上几个小时，或者使出浑身解数，把巢穴建了再建。简而言之，他们必须竭尽所能、声嘶力竭地大喊："选我吧，选我吧。"这一切都是为了什么呢？

　　这些动物如此这般地折腾，不过是殊途同归——所有这些滑稽的动作、古怪的姿态，都是为了完成最终的性行为，为了基因的组合，为了造就一个有着全新基因组合的个体。对于一个坐在单身酒吧里的可怜虫来说，基因组合似乎并不值得操心。然而，基因组合对于生命万象来说却是不可或缺的。要想知道为什么，就让我们退一步，看看进化是如何进行的。

　　我们中的大多数人已经迷失在琐碎生活的喧嚣之中，生活目的变得模糊不清。但从进化论的观点来说，生活的目的却非常明了——生存和生殖。任何一个方面的失败，都只会使你的基因成为你死亡的陪葬品。但是，如果你在两个方面都获得成功的话，你就把你的基因传递给了你的子女。然而，总是有一些动物比其他动物更善于生存和生殖——这就是生活。如果所有的动物都拥有同样的基因，那么动物在生存和生殖方面的差异就是由运气而不是由基因造成的。但通常的情况是，不同个体拥有不同的基因，只要某个基因在生存和生殖方面占有优势，该基因就会得以扩散开来。

　　这个由达尔文和华莱士[①]（Alfred Russel Wallace）于 19 世纪发现的简单过程，就是进化论的核心机制，也是大家所熟知的物竞天择说。在某些情况下，这一过程进行得非常迅速，而且很容易被观察到。假设环境中出现了有毒物质——如抗生素或杀虫剂——并且躲过有毒物质存活下来的希望寄托在是否拥有某种特定的基因上，那么那些缺乏此种基因的个体就可能被杀死，他们的基因就会被这个种群所淘汰。在极端的情况下，假如所有个体都没有抵抗性基因，那么所有个体都会死亡，整个种群就会最终灭亡。但通常的情形却是，有些个体有幸拥有抵抗有毒物质的基因。既然这些个体是唯一能够生存下来并进行繁殖的个体，那么后续种群的所有个体都将拥有这种基因。

　　因此，遗传变异在进化的过程中起着非常关键的作用：没有遗传变异，就没有进化演变。那么，遗传变异从何而来呢？它来自两个方面：基因突变和性行为。基因突变也就是基因中所携带的信息发生了随机性的变化，这是两个遗传变异来源中更为基本的一个源头。突变是细胞的基因复制机制出现错误的结果。既然

[①] 华莱士（1823—1913），英国博物学家，发展了进化论，其贡献可与达尔文相媲美。他的作品有《动物的地理分布》（*The Geographical Distribution of Animals*）。

最优秀的抄写员也会出错，那么细胞的基因复制机制出点错误也是不可避免的。通过性行为，动物由已经存在的基因形成新的基因组合，突变则导致了全新基因的出现，从而产生出进化的原材料。如果没有基因突变，进化就会中断。

但仅仅有基因突变是不够的。在某些时候，有些生物在进化过程中放弃了性行为，取而代之的是无性生殖。在这种情况下，亲本和孩子之间基因的差异就完全是基因突变的结果。一开始，无性生殖的物种会出现繁荣昌盛的局面，但他们好景不长。虽然其中的原因还不得而知，但性行为的缺失总是导致物种的突然灭绝。显然，没有性行为，生物注定要灭亡。

当然，这并不是说有了性行为，生存的机会就更大。无论你的生存能力有多强——比如你能成功逃脱肉食动物的猎杀；或者你拥有最灵敏的鼻子，能轻易找到食物；或者你的防疫系统强到百病不侵——如果你不能找到一个配偶，并且让对方为你意乱情迷的话，你那一切生存技能都毫无意义。更糟糕的是，魅力十足往往与生存机会相冲突。比如说，你是一只长着招摇的大尾巴的鸟，虽然你的尾巴可以让你有玉树临风、鹤立鸡群的风姿，但也很可能让你成为一只猫的午餐。还有更糟糕的呢：争夺配偶的竞争往往异常激烈。

寻找并征服配偶的需要是动物进化最强有力的动力之一。或许在生命当中，还没有什么比求偶更能让大家想出如此花样繁多的战术、谋略，其方式和行为也令人眼花缭乱。相比较而言，在肉食动物面前保命都没有这么多的招数。保命方式归纳起来不外乎以下几种：成群活动、快速逃窜、利用四周的环境伪装、故作恐怖吓人状、拥有防身盔甲或者锋利武器，或者很难吃。但当面对爱情的时候，哈哈，他们的求偶花样就如滔滔江水般无穷无尽。这也正是大家在这个方面有如此多疑问的原因。

同时，这也是我想穷尽一生精力来回答这些疑问的原因。在这本书中，我精心挑选了在过去几年中一些朋友的来信以及我的回答，而且这些问题在我看来都具有一定的代表性，是大家都有的一些困惑，比如滥交、不忠以及同性恋。所有相关的问题都放在同一章节中，而且每章的开头都有一个简短的主题介绍，每章的结尾都有一个对相关问题的小结。

本书分成三个部分。第一部分是"让我们开战吧！"。在这一部分，我试图揭示两性在对异性的需求以及对生活的态度上为何会存在如此大的差异，并且试图探讨这种差异造成的后果。第二部分是"堕落的演化"。在这一部分，我跟大家探讨了两性冲突的极端形式，有时候，这种冲突可能导致可怕的后果，如强暴和噬食对方。在本部分的最后一章，我将和大家讨论最罕见、最反常的进化现象——一夫一妻制。

在本书的最后一部分，我要跟大家探讨一个更深层次的问题：男性是必不可少的吗？我认为性别和性行为在进化过程中受到很多因素的影响，为了找到性行为为什么是推动我们在漫漫的进化之路上走下去的最重要原因，在最后一章，我将给大家介绍到目前为止我们所知的唯一没有性行为却依然生存了数千万年的生物。

为了解开读者心头的疑惑，我的方法是这样的：我会查阅科学文献，阅读数以百计的专著和论文，我甚至还专门跑去见了从男性侏儒到巨型精子方面的研究专家。对于那些以目前的科学水平还无法回答的问题（这种问题经常出现），我会尽量根据目前已经掌握的知识和自己对物竞天择说的理解推测出一个答案。有时候，根据自己的研究，我会得出和主流观点不一样的结论。因此，我希望这本书也能对那些正在进行的学术争论有微薄的贡献。

根据我的经验，绝大部分的动物更喜欢大家用俗名而不是拉丁文学名称呼他们，这就像人类不喜欢被称作"智人"①一样。所以，我只在为了表达的方便，或者提到不大为人熟知（或者是太自命不凡）的生物时，才会使用他们的拉丁文学名。最后，还要感谢那些和我通信的朋友同意我在这里把他们最隐私的问题公开，没有他们的宽宏大量，就不会有这本书。

———————————

① 智人：现代人的学名，拉丁文学名为 *Homo Sapiens*。

第一部分

让我们开战吧!

　　两性之间的战斗绝对不是杜撰。尽管有性生殖是生物进化过程的核心,但是她的成功往往意味着他的失败,结果就是一场没完没了的战争以及为了取得胜利而机关算尽的景象。

第一章　战地素描

"男孩花心，女孩忠诚"的说法对吗？大错特错！在绝大多数的种群中，两性之间的冲突都是因为雌性的"水性杨花"引发的。

亲爱的塔蒂亚娜博士：

我是一只竹节虫（stick insect），名字叫忒吉。这真让人尴尬，在给你写信的同时我还在交配，我和我的配偶不停地做爱已经有整整 10 个星期了。我累得已经快灵魂出窍了，但他一点停下来的意思都没有。他说这么做是因为他爱我爱得发疯，但我认为他是真的疯了。我该怎样才能让他停下来呢？

一只对性爱感到厌倦的竹节虫

来自印度

竹节虫是这个世界上最不知疲倦的情人，这话是谁说的？做爱整整 10 个星期的时间了！我明白你为什么感到够了。忒吉，你的怀疑只对了一半。你的情人的确疯了，但不是因为爱你，而是因为妒忌。他之所以缠着你交配，就是为了不让其他雄性有接近你的机会。好在他的身体长度只有你的一半，所以还不算太沉。

你的这种情况很不正常吗？嗯，的确有点极端，但不能算绝无仅有。在许多物种中，雄性对于他们的伴侣都有着强烈的占有欲。比如爱达荷地鼠（Idaho ground squirrel），这是一种非常稀有的动物，只生活在美国的爱达荷州。雄性爱达荷地鼠不让伴侣离开他的视线，她走到哪里他就跟到哪里。如果她钻进了一个洞，他就会坐在洞口，不让她出来，也不让其他雄性进去。更恶劣的是，对于那些无意中靠近她的雄性，他总是大打出手。还有一个例子就是蓝色马利筋叶甲（blue milkweed beetle），"嘿咻"个 10 分钟就草草完事了（以任何昆虫的性爱标准来看都属短暂），但完事之后，雄性马利筋叶甲还要赖在雌性的背上。与其说他是为了对她甜言蜜语一番，不如说是为了防止她同其他雄性调情。

但坦率地说，雄性有充分的理由表现出这种强烈的占有欲。只要稍有机会，大多数种群中的姑娘们都会和其他的小伙子上床。"等一下，"我都听见你的哭声了，"不是说在大自然中，通常的情形是男的花心、女的忠诚吗？"但这是过去的看法，现在我们已经知道这简直就是在胡说八道。

A. J. 贝特曼是最早给这种说法贴上科学标签的人。贝特曼于 1948 年在《遗传》（*Heredity*）杂志上发表的一篇论文中声称，实验证实了生命已经发展到雄性主司交配、雌性主司生育的阶段。他的结论建立在对黄果蝇（拉丁文学名为 *Drosophila melanogaster*）的实验观察的基础之上。他们就是那些喜欢在装满成熟水果的果盆和装满美酒的玻璃杯四周伺机而动的小苍蝇之中的一种，不要与个头儿更大且喜欢粪便的普通家蝇混淆了。值得果蝇自豪的是，世界上有 2000 种果蝇，仅夏威夷一地就有 400 多种。虽然我们对于大多数的果蝇都知之甚少，但他们和蠕虫、老鼠以及人一起成为遗传学家的最爱，经常被用于各种实验研究。

在将相同数量的雄性果蝇和雌性果蝇一起放进一个小瓶子里面三四天之后，贝特曼注意到，雄性果蝇一直热衷于尽可能多地交配，为了吸引异性的注意，雄性果蝇使劲地扇动着翅膀。如果对方有所反应的话，雄性果蝇会压制住心中的狂喜，在轻轻分开雌性的翅膀与之交配之前，用舌头舔她的生殖器官。但在大多数情况下，雄佳果蝇并不会获得雌性果蝇的回应。贝特曼还发现，雌性果蝇至少会拒绝一两个求爱者。与这一观察结果相一致，贝特曼还发现雄性果蝇的交配伴侣越多，孩子就越多，而雌性果蝇则不那么热衷于交配。

为了解释这种现象，贝特曼认为自己看到了两性之间的本质区别——雄性产生大量微小、廉价的精子，雌性则只产生少许大而且珍贵的卵子。他还指出，许多物种中的雌性都能将精子储存数天、数月，有些甚至可以保存数年，这就是说，雌性动物从一

性别战争

次交配中获得的精子，原则上可满足雌性动物一生的需要。因此，贝特曼认为，一只雄性动物就足以使得许多雌性动物的所有卵子受精。据此，他进而得出以下结论：雌性动物的生殖能力受到她们排卵速度的影响，而对于雄性动物来说，其生殖能力则受到他们能够遇到并且征服的雌性动物数量的限制。所以，贝特曼兴奋地宣布，雄性动物（包括人类）是天生的花花公子，而雌性动物（同样的，包括人类）是天生的贞女，对超过必要的交配行为不感兴趣，甚至怀有敌意，只有在非同寻常的情况下，才会有例外出现。依据这种观点，忒吉，你的伴侣对你的性狂热简直是不可思议、令人费解——他应该去勾引其他雌性竹节虫，而不是黏着你不放。

可是，这种"男人花心、女人忠诚"的假设——客气的说法是贝特曼法则——非常流行。年高德劭的人赞美这句话，女权主义者更是频频引用它，而科学家则从科学角度论证这句话，他们说雌性对性事的冷淡是基于以下原因：害怕染上性病或者在交配的时候被猎杀者侵袭。当然，的确有些物种中的雌性一生只交配一次，比如苜蓿芽切叶蜂（alfalfa leaf-cutter bee）。在其他的种群中，雄性动物往往有多个性伴侣，还有些甚至饥渴到跟不同种群的雌性动物发生性关系，例如金鱼偶尔会被一些发情的青蛙强暴而淹死。但在绝大多数的种群中，真的是"男人花心、女人忠诚"吗？哈哈，正好相反！

贝特曼的理论从本质上来说就是错的。在绝大多数的动物种群中，雌性与其说是圣女，不如说是荡妇。她们绝对不是一生只交配一次，而是会和许多个雄性发生性关系，交配次数往往比使卵子受精所必需的交配次数多得多。

贝特曼是如何得出这一荒谬的结论的呢？有两个原因。第一个原因是纯属巧合。我说过，黄果蝇无论是在过去还是现在，一直是最受科学家欢迎的果蝇研究对象。雌性黄果蝇的确比较矜持，一般一个星期左右才交配一次。但有些种类的果蝇则大为不同，如雌性大翅红眼果蝇（拉丁文学名为 *Drosophila hydei*），一般在每天早晨都要交配数次。即使在黄果蝇中，雌性也并不像贝特曼想象的那么贞洁。他得出错误结论的第二个原因就是他的实验时间太短了。现在我们已经知道，如果他对那些果蝇的观察时间超过一个星期的话，他就会发现雌性果蝇将会恢复她们的欲望——没错，那些一周只交配一次的果蝇，其后代比她们淫荡的果蝇姐妹们要少。

之所以直到 30 多年后才有人觉察到贝特曼的理论有问题，是因为他的逻辑听起来合情合理，而且，他的理论似乎得到了实验观察的验证。通过对哺乳动物和鸟类的生活进行数千小时的观察，研究人员并没有发现雌性动物对她们的伴侣有不忠行为。然而，这只是以偏概全。甚至在科学家注意到许多物种里的雌性——特别是昆虫——的性生活比较混乱的时候，他们也没有马上怀疑贝特曼的理论。当雌性动物交配的对象多过估计数字时，科学家一般是认为她们出现了"功能异常"或者是遭到了雄性动物的误导，而没有想到她们这么做是为了得到什么好处。

在 20 世纪 80 年代，随着更为复杂的基因技术的发展，生物学家已经可以判断究竟谁是孩子的父亲。结果他们发现了一些令人震惊、出乎大家意料的东西，那就是：从竹节虫到黑猩猩，雌性动物很难保持忠贞。

在这一发现之后，科学家又发现了更令人吃惊的事实：在许多动物种群中，疯狂的滥交并不是因为功能异常，更确切地说，雌性动物还能从滥交中受益。我的档案夹中塞满了这样的例子，随手拿几份看看好了：比如雌性兔子和雌性美国甘尼森草原土拨鼠（Gunnison's prairie dog），如果她们在发情的时候和多个伴侣交配的话，受孕概率会更高；雌性沙地蜥蜴（sand lizard）的性伴侣越多，她产出的卵子孵化得也就越多；生活在珊瑚礁中的灰白色滑溜梭鱼（slippery dick），如果雌鱼是和一群雄鱼而不是一条雄鱼一起产卵，鱼卵会有更高的受孕机会。

这些发现促使我们对雄性及雌性的行为重新进行评估，而且这一评估仍在进行当中。但有一个结论是无法回避的——我们将看到，当雌性动物和一只以上的雄性动物进行交配的时候，闺房大战必将如火如荼。

亲爱的塔蒂亚娜博士：

　　我的男朋友是我所见过的最最英俊的金色树熊猴（golden potto）。他背上长着美丽的金色皮毛，肚子上长着奶白色的毛，他的体味让人陶醉，甚至连他的手和脚看上去都是那么的优雅。但有一件事情请告诉我，塔蒂亚娜博士，为什么他的生殖器上长满了巨大的刺呢？

　　　　　　　　　　　　　　　　　　一只受惊的树熊猴
　　　　　　　　　　　　　　　　　　　　　　来自加蓬

　　亲爱的，那些刺可以让你高兴！我敢打赌，这些刺的主要功用正是如此。金色树熊猴是丛猴（bushbaby，也叫"夜猴"）不太为人所知的亲戚。丛猴是种个头儿不大、喜欢在夜间攀爬的灵长目动物，也是猴子和猿的远房表亲。你只要仔细观察一下你的表亲，就会发现你男友的情况并不是独一无二的。丛猴以及其他许多灵长类动物都有畸形的生殖器——有些看起来就像中世纪的刑具，上面不仅有肉刺、疙疙瘩瘩的突起以及硬邦邦的短毛，而且还拧成奇形怪状，一副阴险的样子。相比较而言，人类的生殖器除了尺寸要大一些，外形简直无趣得很。

　　你一定知道，生殖器不仅仅是用于传输精子的。如果一只雌性动物和许多雄性动物交配的话，她会为后来者生下更多的孩子——如果他的精子能够成功完成使命的话。如果一只雄性动物可以刺激他的配偶更多地接纳自己的精子，或者能够以某种方式除掉竞争对手的精子，那么他会比那些不如自己聪明的家伙更多地散播自己的基因。因此，雌性动物杂交的直接后果就是使雄性动物面临巨大的竞争压力，他们试图在爱的每一个层面都要胜过对手。为了达到这个目的，生殖器就成了一个重要的工具。

来看看蜻蛉（damselfly，也叫"豆娘"）吧。这种昆虫是蜻蜓的近亲，在闷热的夏日，我们常常会看到他们成群结队地在河边飞来飞去，他们看上去是那么天真可爱。但是，雄性蜻蛉却长着最令人不可思议的生殖器，其上有一个气囊——一个可以膨胀的球状物，在气囊的顶端有两个角，气囊的两侧则长着坚硬的长毛。雄性黑翅蜻蛉（拉丁文学名为 *Calopteryx maculata*）利用这个装置将其他雄性留在雌性体内的精液冲洗出来，然后再把自己的精液留在里面。但雄性红尾蜻蛉（拉丁文学名为 *Calopteryx haemorrhoidalis asturica*）则把生殖器作为说服雌性忘记以前爱人的工具：通过合适的方式刺激她，可以促使她射出前一个爱人的精液。一种拉丁文学名叫作 *Olceclostera seraphica* 的蛾子有着乐器一般的生殖器：雄性蛾子顶着对方的身体摩擦她的私处，让雌性蛾子产生兴奋的震颤。与这些有着十八般武艺的雄性相比，雌性白蚁只和一只雄性白蚁交配，所以雄性白蚁的生殖器外观很是平常，而且各种白蚁之间的生殖器也没有太大差异。

当然，生殖器并不是雄性动物之间较量的唯一武器。以鬼蛛蟹（拉丁文学名为 *Inachus phalangium*）为例——这是一种受海葵的触角保护的生物——雄蟹会产生一种特殊的胶状物质，从而将前一只雄蟹排出的精液封存在雌蟹生殖道的一角，以免和自己的精子混在一起。除了天鹅、鸭子和鸵鸟，绝大多数的雄性鸟类都没有阴茎。雌雄鸟类之间的交配行为通过快速挤压双方的生殖器开口来完成。这种性行为方式的快感肯定要差很多。尽管没有阴茎，但林岩鹨（dumiock，他们长得像在灰里打过滚的麻雀）还是有办法除掉竞争对手的精液。在交配之前，雄性会猛啄配偶的阴部，有时候，这种方式会有助于她排出其他雄性林岩鹨留在其体内的精液。还有更古怪的例子：红嘴牛鸟（red-billed buffalo weaver）。这是一种生活在非洲、喜欢以小群体群居的鸟类。雌红嘴牛鸟极其滥交，显然是为了应对这种情况，雄鸟进化出一种假阴茎——这是一种不能传输精液的棍状组织。在性交过程中，雄鸟会利用他的假阴茎摩擦雌鸟的阴部半个小时左右，直到他的生殖器开口射出精液，显然这么做给她带来了强烈的快感。能够提供最强烈性刺激的雄性才最有可能成功地说服雌性接纳自己的精液。

所有这些事实提供了一条线索，帮你弄清为什么你男朋友的生殖器看起来让人吃惊。许多灵长类动物跟昆虫一样，在每次发情只结交一个配偶的物种中，雄性的生殖器一般都小而无趣。以大猩猩为例，他们的身材虽然高大，生殖器却很小。一只雄性大猩猩的体重可达 210 千克，但生殖器只有可怜的 5 厘米，而且上面完全没有突起或肉刺。跟南美硬尾鸭（拉丁文学名为 *Oxyura vittata*）的生殖器相比，雄猩猩应该羞愧得无地自容。这种鸭子个头儿不大，却有着 20 厘米长、带有刺状突起的生殖器，足可跟鸵鸟的阳具媲美。不过，一只雄猩猩经常统治着一小群雌猩猩，所以不用太担心其他家伙的精液对其形成威胁。但如果我是一只雌猩猩，我一定会觉得自己很吃亏：地球人都知道，在灵长类动物中，雌性性生活越乱，可以享受到的高潮就越多。所以，我猜想你男朋友的生殖器上之所以长着刺状突起，是因为雌性金色树熊猴的性生活不检点。但是，那些刺状突起究竟是为了讨你们欢心，还是为了增强摩擦的快感而进化出来的，嗯，你不会不知道吧？

亲爱的塔蒂亚娜博士：

我是一只蜂王，有件事让我苦恼不已。我所有的爱人在他们的生殖器插入我体内之后，就毙命了。这是不是很不正常？

一只困惑的蜂王

来自克洛福山

对于你的爱人们来说，这就是他们离开这个世界的方式——

在性爱的欲仙欲死中，而不是在悲戚的哭哭啼啼中结束生命。雄蜂在达到性高潮之后就会爆掉，而他的生殖器也会"啪哒"一声与身体分离。我能理解你的慌张。为什么会这样呢？哎，女王陛下，你的爱人们之所以爆炸是有原因的：为的就是把生殖器留在你的体内，这样你就无法和其他雄蜂交配了。通过这种方式，每一只雄蜂都希望在他之后你无法和其他雄蜂交配。换句话说，他断裂下来的生殖器是为你准备的贞操带。

你可能不理解他们怎么能这样对待一个女王。但是，即使是女王也不能置身于两性战争之外。我想你的情况是因为雌性滥交而导致的强烈的、复杂的、对抗性的利益冲突的例证。

要想说清楚这种冲突，首先让我们从雄蜂的观点来看看这个问题。他简直就是孤注一掷。一只年轻的蜂王，比如说你，在筑巢之前，会花上不过几天的时间交配，之后，就再也不会有性生活了，你将忙着照顾自己的50万只蜂宝宝。更糟糕的是，一只雄蜂和你交配的机会从一开始就十分渺茫。蜜蜂的性行为发生在飞行中：你飞到空中，和任何能追上你的雄蜂交配。雄蜂之间的竞争会非常激烈，因为最多可能会有2.5万只雄蜂参加对一只蜂王的追求，但你交配的次数最多不会超过20次，这就是说，绝大多数雄蜂都将以处子之身死去。成功追上你的雄蜂尽管爆炸了，也没有损失，反正他再逮着一只雌蜂交配的可能性也不大，甚至他可能还有的赚。如果他成功地把你的生殖道堵住了，你就无法和其他雄蜂交配，那么你的绝大多数卵子都成了他的精子的战利品，这样，他更多的基因会遗传到下一代。

但问题是，如果你只和他交配，利益得到最大满足的是他，而不是你；只有你和几只雄蜂交配，你的利益才能得到更大满足。事实上，一只只交配一次的蜂王有失去一半蜂宝宝的危险。为什么呢？就是因为蜜蜂性别的决定方式十分复杂。

通常，雄蜂由没有经过受精的卵子孵化出来，雌蜂则由经过受精的卵子孵化出来。但蜜蜂身上有一种基因，也就是性别决定基因，能把这种安排弄得乱七八糟。如果一只蜂王的配偶拥有与她同样的性别决定基因，那么她一半的受精卵将会孵化出儿子——这些儿子将无法生育。因此，她需要繁衍出具有责任感的女儿以帮助她养育她们的姐妹和少数具有生育能力的雄蜂——他们将等待一生一次的在极度快感中爆炸的机会。如果她的后代有一半是无法生育的雄蜂，那么那些具有强烈责任感的女儿会把他们活活吃掉。如此一来，蜂巢中的劳动力将会减少，从而增加了蜂巢最终崩溃的风险。如果蜂王和几只而不是一只雄蜂交配的话，任何与她的性别决定基因一致的雄蜂都只会使一小部分卵子受精，这样的话，在她的子孙中只有一小部分是不具有生育能力的雄蜂。所以，蜂王交配得越多，她避免损失的概率也就越大。

但实际情况更为复杂。很明显，如果能将前一只雄蜂留在蜂王体内的生殖器拔出来，然后再与蜂王交配的话，雄蜂的利益就会得到满足。所以你可以想象得到，雄蜂已经掌握了除去蜂王贞操带的本领。没错！如果仔细观察，你就会发现，在每只雄蜂阴茎的顶端，都有一个毛茸茸的组织，正是这个玩意儿可以将前任留下的阴茎弄掉。

这就描绘出了蜜蜂在进化过程中曾经出现的一幕：很久很久以前，蜂王只交配一次。后来，一只发生突变的蜂王和不止一只雄蜂进行了交配。跟她那些坚守妇道的姐妹相比，她在生育方面无疑更为成功，因此滥交的基因在整个蜜蜂族群中得到了传播。接着，一只爆炸的雄蜂阻止了蜂王的滥交。这样，这只爆炸雄蜂的基因在整个蜜蜂族群中又得到了传播。与此相适应，有一只蜂王进化出能阻挠雄蜂给女王戴上贞操带的本领，或许是自己除掉断在自己体内的雄蜂生殖器，或许是被工蜂给拔掉了（这一步骤应该是快速进行的，因为不除掉这些"塞子"，蜂王就不能孵卵）。随后，雄蜂再次进化出了能阻挠蜂王滥交的本领……双方的较量不断持续下去。

你可能已经猜到了，蜂王和雄蜂之间的性战争是很寻常的。通常的情形是：只要雌性动物反复交配，雄性动物就注定是失败的一方。一只能阻止雌性动物与他的竞争者交配的雄性动物，将会成为她更多孩子的父亲，跟那些不能阻止雌性动物滥交的雄性动物相比，他的基因就能得到更大范围的传播。所以，你不应该惊讶于贞操带是进化过程中一项得到普遍运用的发明吧！不仅在蜜蜂中，在蝙蝠、老鼠、蠕虫、蛇、蜘蛛、蝴蝶、果蝇、天竺鼠、松鼠、黑猩猩等生物当中，贞操带都非常流行，而且这个名单我还能继续写下去。可是我必须指出，这些动物中的绝大多数并不是把自己的生殖器留在雌性的体内，而是采用其他的形式，如利用更为传统的"塞子""黏结剂"或者"胶水"。比如说在许多啮齿类动物中，雄性拥有一个巨大的腺体，在交配之后，会分泌形成一种坚固的、有弹性的塞子，并放入雌性的生殖道深处。雄家鼠放在雌家鼠体内的"塞子"十分牢固，只有用手术刀才能将其取出，一旦雌家鼠体内被"塞子"塞住了，要取出"塞子"就可能撕裂雌鼠的子宫韧带。

但是，唉，可怜的雄性！只要滥交有利于雌性，她们就会不断抵抗雄性的控制企图。于是，只要雄性发展出控制手段，雌性就会拼命发展出抵抗手段，这也正是贞操带并不是那么管用的原因。比如说雌性黑松鼠（fox squirrel）在云雨之后，会立刻拔出"塞子"（有时候甚至会把"塞子"吃下去——何等美味的东西啊）。此外，雄性也会发展出拔"塞子"的技能。真可谓道高一尺，魔高一丈。这是一场不会结束的较量。在老鼠中，雄性的阴茎几乎就是另一只爪子，他能做出一些令人瞠目结舌的拉取动作，以取出先前的交配者留在雌鼠体内的"塞子"，就像通厕所的撅子，将堵塞物吸出来。

所以你看，两性的战斗分为两条战线。雌雄两性之间的利益冲突意味着其中一种性别投入使用的每一种新武器或者行为都会促使另一种性别发展出对应的武器或者行为。同时，雄性也发展出巧妙处理前一个交配者的遗留物并为后来的交配者制造麻烦的本领。如果你持续观察几代，你就会见证这场激烈的进化战争。

　　男人们，你们正处在困境之中。雌性的滥交行为把你们的遗传基因置于危险的境地：如果她们不用你的精子，就算你把你碰到的所有姑娘都搞上床也没用。姑娘们滥交的可能性对你们形成了束缚，并且在你们的进化过程中产生了巨大的影响。所以，与其像花花公子一样勾引尽可能多的姑娘，还不如专打一处，使尽可能多的卵子受精。但有时候，对于某些男人来说，搞定更多的姑娘是殊途同归。然而在许多时候，尽管花花公子到处撒播他们的慷慨，但跟那些更为忠实的雄性动物相比，却并没有留下更多的种子，所以，花心基因终将没落。只有像竹节虫那样黏着自己的情人，或者像蜜蜂那样在高潮中爆炸，或者演化出其他什么匪夷所思的招数，生殖才会更加成功。

第二章　代价是惊人的

做雄性难，特别是当你不得不制造出是自己身长20倍的精子的时候，或者在每次射精时需要射出数十亿个精子的时候，或者一天需要交配100次才能满足伴侣的需求的时候，或者需要表现出不可思议的性技巧的时候。

亲爱的塔蒂亚娜博士：

我是一只蓝白细尾鹩莺（splendid fairy wrens）。我很担心我的老公，他不停地去看医生，因为他总担心自己的精子数量太少，无法令我受孕。但是他一次可以射出80亿个精子，所以我怎么也想不通他的精子数目怎么会不够。究竟是他的精子数目出问题了，还是他的神经出问题了呢？

一只感到困惑的蓝白细尾鹩莺
来自澳洲

去看医生，嗯？我认为你的丈夫在撒谎，而不是患上了什么怀疑症。说去看医生只是一个经不起推敲的借口，他恐怕是出去鬼混了。蓝白细尾鹩莺因为好私通而声名狼藉。我这就教你一个办法，去识别那些准备出去鬼混的雄鸟：他的嘴里会叼上一片粉红色的花瓣儿献给自己的情妇。为什么是粉红色的呢？因为粉红色与他脸上夺目的蓝色羽毛十分相配。

但真正的问题是，为什么一只比我的拳头还要小的鸟儿一次射出的精液中至少包含了 80 亿个精子呢？人类的一滴精液也才包含大约 1.8 亿精子。你一定也会觉得奇怪，对吧？这么多精子就为了一个那么小的卵子！干吗这么兴师动众？

从精子的数目就可以看出精子与卵子的相遇是多么的艰难。打个比方，如果你是一棵树，你产生多少花粉在很大程度上依赖于花粉的传递方式。以无花果树为例，有些无花果树通过勤劳的黄蜂传粉，由于这些黄蜂积极地收集、传授花粉，那么这些无花果树就无须产生大量的花粉；但有些无花果树则是通过懒惰的黄蜂授粉，这些黄蜂只是与花朵擦身而过，那么这些无花果树就必须产生大量的花粉。对于你这样的物种或者我这样的人类来说，由于雄性是不劳他手，亲自递送精液，所以可预见精子的数目会减少。

但也不是绝对的。在有些物种中，比如说鱼类，当雄鱼与雌鱼相遇之后，双方不是立即开始交配，而是各自将精子和卵子排入水中。对，在这种情况下，雄鱼与雌鱼排出的精子与卵子的数目没有太大的差距。但对鸟类、哺乳动物以及其他需要交配的动物而言，就不是这么回事了。你会发现，在雌性十分淫荡的物种中（请鼓掌），雄性制造的精子数目更多。

在雌性非常放荡的物种中，有两个因素决定了雄性所产生的精子数目。第一个因素被生物学家称为"精子竞赛"——为了使卵子受精，不同雄性之间的精子互相竞争。如果精子竞赛的过程跟购物中大奖一样——买得越多，中奖的机会就越大——那么，产生精子数目最多的雄性让雌性卵子受精的可能性就最大。如果精子数目的多少是建立在遗传基础之上的，经过一段时间，成功的雄性总是那些精子数目最多的雄性，那么几代下来，由于遗传的缘故，族群中的每个雄性都有很大的精子量。与此相对应，经常面临精子竞赛的雄性应该有更大的睾丸（就身材比例而言），因为睾丸是精子的制造工厂。的确，通过对身体多毛而且喜欢在新鲜牛粪上交配和产卵的黄粪蝇（yellow dung fly）的实验观察发现，最少经过 10 代，睾丸的尺寸就会因适应精子竞赛而发生变化。

依此类推，在精子竞赛中从来都是立于不败之地的雄性应该只需要产生使每个卵子都能受精的精子数量就足矣。但遗憾的是，只有少数雄性处于这样一种优哉游哉的境地。海马及其表亲海龙（pipefish，海龙和海马长得十分相像，但海龙的身材线条比较直，呈流线型）就属于这一类的幸运儿，他们都以雄性负责怀孕而闻名遐迩。雌性只需要把卵子排在雄性的育儿袋内，雄性在那里使卵子受精——他的精子永远都不可能面临其他雄性精子的竞争。所以，绝大多数的海马究竟一次能射出多少精子不得而知，但有一种生活在日本周围海域的海草床里的薛氏海龙（seaweed pipefish），科学家计算过其雄性的精子数目少得几乎可以忽略不计。

第二个导致产生大量精子的因素是精子在通过雌性的生殖道与卵子相遇之前，会大量死亡——出发时的数百万大军，只有屈指可数的几个可以到达终点。对于精子大规模死亡的现象，科学家已经讨论了 300 多年，但直到现在都没有一个像样的理论可以解释为什么精子会大量阵亡。

你看，让人吃惊的事实是，雌性的生殖道对精子并不太友好。谁也不知道为什么会这样。雌性的生殖道不是你以为的那样，对精子宠爱有加、帮助他们顺利到达终点，而是布下重重陷阱。精子要忍受种种侮辱、排斥、围捕和暗杀。即使在一些雌性可以将雄性的精液保存数年之久的物种中，也只有极少数的精子可以活下来。以蜂王为例，在交配期内，一只蜂王平均可以获得 1.02 亿个精子（她的 17 个爱人平均每个给她 600 万个精子），但她只保留 530 万个精子用于让她的卵子受精。对于那些从来不储存精子的物种来说，精子更是如同遭遇了大屠杀。

至于人类的精子，则是从女性阴道的酸性环境中开始它们的冒险之旅。但对于精子来说，酸性物质无疑是致命的（这也正是在阴道内放置柠檬可以达到很好的避孕效果的原因），能继续旅程的精子连出发时的 10% 都不到。那些幸存下来的精子必须穿越子宫颈——一个附满了黏液的障碍物。在最有利的条件下，先前的存活者中又有 90% 以上要毙命。而那些黏液，只是危机四伏的子宫颈的一个小坎儿而已，还有更多的陷阱在等待着那些精子。精子面临的另一个对手就是白细胞，作为人体免疫系统的步兵团，白细胞在子宫颈和子宫内膜严阵以待，随时准备击溃任何入侵者。以兔子为例，在公兔和母兔交配之后的 1 个小时之内，就有一队由白细胞组成的庞大军队守候在母兔的子宫颈。而在人类女性体内，性交完之后的 15 分钟之内，白细胞军队就开始集合，一个小时之内，其数目可以超过 10 亿。在精子到达输卵管——卵子就在那里——之前，精子的数目已经从上亿个减少为几百个。这就是为什么有 5000 万个——听起来似乎不少——精子的男人，实际上很可能患有不育症的原因。

由于对这种敌意的评估比计算精子的数目要难得多，所以我们还不知道在不同的物种中，甚至同一物种的不同个体中，这种敌意在程度上的差异。但据我猜测，雌性针对正在逐渐增加的精子数目，也正在增加其生殖道对精子的敌意程度，而这又将反过来促使雄性产生更多的精子。还是以兔子为例，精子在生殖道内所能到达的位置取决于精子出发时的数量。那么雌性又从这种对精子的敌视中得到了什么好处呢？毕竟，这种敌视行为是与生殖的本意相对立的：如果她们的敌视态度过于强烈，她们的卵子就无法受精，她们也就不可能产生后代。有一种观点认为，正是这种敌意确保了让卵子受精的是最优秀的精子。另一种观点则认为，这种敌意最初可能是为了增加雌性的抗感染能力，但这种敌意又反过来促使雄性试图绕过抵抗。人类和许多其他哺乳动物的精子确实包含有一些抑制雌性免疫反应的物质。为了阻挠雄性冲破防线的企图，雌性可能增强其免疫反应，从而建立起一个逐步增强的"应对与反制"（response and counterresponse）的生物进化循环。

现在我们再回到为什么你的丈夫需要那么多精子的问题上。在蓝白细尾鹩莺的社会中，雌雄双方住在一起，共同抚养后代，但双方的感情生活却是各自精彩。蓝白细尾鹩莺以性生活糜烂著称，绝大多数的雌蓝白细尾鹩莺除了丈夫之外，至少还有一个情人。因此，其雄性的精子竞赛非常激烈。通常的情况是，孩子的父亲压根儿不是将其抚养成年的雄性。所以，尽管你的老公出去鬼混，但也许你也曾做过不忠之事呢！

亲爱的塔蒂亚娜博士：

听说我需要花上3个星期的时间才能产生一个精子，因为我的精子需要一个比我的整个身体还要长20倍的尾巴。这真是岂有此理！我只是一只小小的二裂果蝇（拉丁文学名

为 *Drosophila bifurca*）啊！我能买到一条精子尾巴装上吗？

一只正在等待精子的果蝇

来自美国俄亥俄州

目前市面上还没有人工精子尾巴出售，所以你只能指望你自己了。没错，这的确很不公平。凭什么一只身长只有 3 毫米的果蝇非得制造长度达 58 毫米的精子呢？人类比你的身材高大多了，但人类的精子只有你的精子的千分之一大。事实上，如果人类依照你和你的精子之间的比例来制造精子，那么其长度就要超过一头蓝鲸。我倒想亲眼瞧瞧那将是何等盛举。

与精子的数量不同，我们对精子的尺寸和形状是如何进化的知之甚少。我们唯一知道的就是，那些卵子在体外受精的种群，精子在体积上是越来越小、在形态上是越来越简单。

首先我们来说说精子的形态。一般说来，精子看起来像个小蝌蚪，有着大大的脑袋和一条会摆动的尾巴。但在许多物种中，精子的形态并不是一成不变的，其中最常见的是精子对（tandem sperm）——精子总是结伴而行，如美洲负鼠（American opossum）、水生甲虫（water beetle，也叫龙虱）、千足虫（millipede，也叫马陆）、家衣鱼（firebrat）[①]以及某些海蛇的精子。此外，钩

---

① 家衣鱼：一种与西洋衣鱼有亲缘关系的小型无翅昆虫，住在炉边或灶边等建筑物的温暖地带。

状精子也很常见，如考拉、啮齿类动物和蟋蟀的精子都呈钩状。还有一种精子呈扁平盘状的小昆虫，叫原尾虫（protura），他们可以说是世界上最早玩飞碟游戏的生物。小龙虾（crayfish，也叫螯虾）的精子像死亡轮（一种刑具）。一些生活在陆地上的蜗牛的精子则呈螺旋状。一些白蚁的精子看起来毛茸茸的，因为一个精子有 100 条尾巴。蛔虫精子的形状会变来变去，而且不会游，只会爬。除了以上这些类型的精子，还有些动物是直接射出精子包囊①，比如说大章鱼，在经过漫长的交配之后，雄章鱼会把像巨型炸弹一样的精子包囊交给雌章鱼。这个精子包囊有 1 米长，里面装有 100 亿个精子，在进入雌章鱼的生殖道之后就会破裂。

　　既然不同的动物种群独立进化出各种形态的精子，那么精子的形态必然给他们在某些方面带来了好处。比如说钩状精子，可能有助于精子一步步沿着生殖道前进。但据我所知，这种假设从来没有被证实过。至于其他形态究竟会带来什么好处，我不知道，随你猜吧。但我们可以肯定，精子的外形和雌性动物混乱的性关系扯不上任何关系。

　　但是，精子的大小却与雌性动物性生活的糜烂程度大有关系。

---

① 也叫精包，是某些雄性无脊椎动物或低级脊椎动物射出的、直接进入雌性生殖系统中的精子囊或紧密的精子团。

对于蛔虫来说，大个儿的精子使卵子受精的可能性更高，显然这是因为大个儿的精子爬行的速度比个头儿小的精子更快，被其他精子挤到一边的可能性更小。相似的情形还发生在农业害虫刺足根螨（bulb mite，也叫唐菖蒲根螨）身上，产生大精子的雄性刺足根螨与那些产生小精子的雄性刺足根螨相比，可以使更多的卵子受精。的确，通常的情形是，如果雌性滥交，雄性不仅会产生更多的精子，而且会产生更大的精子。鱼和熊掌不可兼得，有时候产生更大的精子必定意味着在精子数量上的减少。在绝大多数动物种群中，追求精子数量的压力抑制了增大精子体积的潜力。

少数动物种群的雄性为了产生巨型精子而明显减少了精子的数目。巨型精子荣誉堂的成员散布在不同的动物种群中。尽管你们二裂果蝇是目前的冠军，但在过去的几百年中，拥有冠军头衔的分别是羽翼甲虫（featherwing beetle）、松藻虫（back-swimming beetle）、甲胄虾①（ostracod，看起来像四季豆，但长有脚）、扁虱（tick，也叫蜱）、澳洲蜗牛（拉丁文学名为 *Hedleyella falconeri*）、绣锦盘舌蟾（painter's frog）以及许多其他的果蝇。顺便提一句，据说甲胄虾的精子还会互相打斗，直到把对方打成碎片，但据我所知，这一传闻从来没有在实验观察中得到证实。

---

① 甲胄虾：属介形亚纲的一种主要生活于淡水中的小型甲壳纲动物，长有一对硬壳。

　　不幸的是，生物学家面对巨型精子，除了目瞪口呆，还没有进行什么研究，所以对于为什么有些动物能产生庞大的生殖细胞，我没有太多可以告诉你的。但是，我们已经了解到，大型的精子和大型的卵子之间并没有什么联系，尽管这两者曾经被认为存在着某种联系。人们对卵子的研究远不如对精子的研究丰富（在受精行为发生在体内的种群中，精子比卵子更容易被观察），但其他的果蝇会产生比你们二裂果蝇更大的卵子和更小的精子。另外一个观点认为，巨型精子是雄性给雌性的礼物，为她们的卵子提供了营养。但在许多产生巨型精子的种群中，巨型精子只有一小部分进入了卵子，所以我认为这个说法也不太可信。也许，巨型精子是用来堵塞雌性的生殖道的，从而起到贞操带的作用。羽翼甲虫似乎就是如此：雄性排出的巨大精子将雌性的生殖道完全堵住了，从而有效地阻止了其他雄性的精子进入生殖道。但是对甲胄虾而言，巨型精子则完全起不到这种类似于贞操带的作用：雌虾有一套怪异的精子储备系统，精子进入雌性体内后，会被贮存在一个不能直接通往卵巢的地方。要想使卵子受精，精子必须离开等候室，在雌虾身体的外面旅行一段距离，才能到达存放卵子的地方。在与你旗鼓相当的竞争者大翅红眼果蝇（精子长 23 毫米）中，雌果蝇不仅反复交配，而且还把她获得的精子混合在一起。因此，如果她一天之内和几个雄性交配的话，那么每个雄性都拥有均等的让卵子受精的概率。

尽管如此，大型精子的产生一定有其原因。科学家发现产生大型精子的代价实在太高了。你的表亲黑腹果蝇（拉丁文学名为 *Drosophila melaanogaster*，精子的长度是 1.91 毫米）在破蛹而出的几个小时后就可以交配，而你必须等待至少 17 天——在这段时间内你会发育出巨大的睾丸。但有失必有得，如果你能熬过这段麻烦期，你就可以存活 6 个月，这对果蝇来说已经是高寿了，所以在失去童贞之前等上 17 天算不上什么磨难。你的另一位表亲冠状红眼果绳（拉丁文学名为 *Drosophila pachea*，精子的长度是 16.53 毫米），雄性在成年期过了一半之后才开始交配。这里有一件你听来会心理平衡一些的事情：在绝大多数雄性动物需要千军万马的精子队伍时，你只要几个优质精子就可以搞定。

亲爱的塔蒂亚娜博士：

　　我是一只愤怒不已的黑腹果蝇。当我还是一条蛆的时候，我就听说精子多得很，来得容易，用起来也不心疼。所以在进入成熟期之后，通过不计后果的放纵，我消耗了很多精子。可我被骗了：作为一只成年果蝇，我的生命才走完一半，但我的精子已经被我消耗殆尽，没有姑娘愿意接近我了。我能控告谁呢？

一只无精可用的果蝇

来自伦敦

　　我们的朋友贝特曼要对此负有相当的责任。"精子很廉价"是他的思想之一，但这是最荒诞不经的说法。尽管我对于你被误导深感难过，但我还是忍不住幸灾乐祸，你们可是贝特曼用来证明他理论的试验生物呀，没想到你们也会碰到这个问题！

　　概括说来，贝特曼认为，由于制造一个精子的成本比制造一个卵子的成本要低，所以对于雄性生物和雌性生物来说，生殖的限制因素是不同的。他说，限制雌性生物生殖的因素是卵子的产量，而限制雄性生殖的因素则是被他勾引的雌性的数量。根据这种观点，无论是出于什么目的和意图，精子都是无限的，每个卵子都有足够的受精机会。

　　但在大多数情况下，实际并非如此。在海洋生物中，从海绵到海胆，雌雄之间并不需要幽会，雄性生物只需直接把精子排在水中即可。有些物种中的雌性也会把卵子排在水中。这就是说，精子在和卵子相遇之前，要经历一番磨难。在许多这样的物种中，雌性的卵子无法受精的比率非常高。难怪有些海绵在排精的时候，场面宛如维苏威火山大爆发，烟雾射出两三米高，每次的持续时间从十分钟到半个小时不等。

　　在陆地上，植物也可能面临类似的处境。传粉者——就是扮演着媒婆角色的动物，比如蜜蜂——可能非常不可靠，他们经常吃掉花粉，而不是将其捎带给雌花，所以，植物生殖经常受限于他们所获得的花粉量。生长在森林中的一种叫作天南星（jack-in-the-pulpit）的花，如果是被科学家授粉的话，会产生比被苍蝇授粉多出 10 倍的种子。如此说来，更别提那些指望洋流、风或者不可靠的使者来传递花粉的植物了。柠檬灯鱼（lemon tetra）是一种生活在亚马孙河的小型鱼类，雄鱼不能令雌鱼在一天之内产生的卵子全部受精。等待受精的卵子越多，受精的成功率就越低，所以雄鱼很快就意识到，与其勾引更多的雌鱼，还不如把精力用在产生更多的精子上。所以，雌性柠檬灯鱼更青睐没有对其他雌鱼喷过精的雄鱼就毫不奇怪了。蓝头濑鱼（bluehead wrasse，也叫双带锦鱼）生活在大西洋的珊瑚礁中，体积最大的雄鱼非常吝惜他们的精子，每次射精都严格控制，结果射精量可能低于使雌鱼达到最高生殖成就所需的数量。

当然，麻烦之处就在于绝大多数的雄鱼不会为每一个卵子产生一个精子，而是产生数百、数千甚至数百万个精子。这成本可不低。雄性束带蛇（garter snake）在交配之后需要休息 24 个小时（平心而论，他们的性爱极其激烈）。斑胸草雀（zebra finch）是一种有着黑白条纹的小鸟，雄性斑胸草雀在 3 个小时内可以交配 3 次，用尽自己所有的精子，然后再用 5 天的时间来填满库存。雄性青蟹（blue crab）甚至需要 15 天的时间才能让"子弹"重新上膛。据悉，公羊的存精量可满足 95 次射精的需要（通常人类的存精量可以满足 1.5 次射精的需要），但用不了多久，他们的精子量就会直线下降。在经过 6 天的连续交配之后，公羊每次射出的精液中的精子数目从 100 亿个下降到不足 5000 万个——这个数字低于使母羊怀孕所需要的精子数量。有些蛇在交尾之后会形容枯槁。蝰蛇（adder）是一种生活在欧洲的毒蛇，在交配期开始之后，他们的体重会直线下降，哪怕他们什么也不做，只是躺在太阳下生产精子。这种行为需要耗费很多的卡路里。

有充分的证据表明雌雄同体的动物的精子是有限的。雌雄同体的动物就是那些既是雄性，也是雌性的动物，比如我们在生活中常见的蛞蝓（garden slug，俗称鼻涕虫）和蜗牛。根据精子无限的理论，雌雄同体的动物应该先用完卵子，然后才是精子，如果给他们一个机会，他们应该更喜欢雄性的角色，而不是雌性。但在许多雌雄同体的种群中，生物学家发现情况并非如此。

以秀丽隐杆线虫（拉丁文学名为 *Caenorhabditis elegans*，下简称线虫）为例，这是一种深受遗传学家喜爱的透明的、微小的圆虫。线虫与绝大多数雌雄同体动物的不同之处就在于，他们同时拥有两种性别：雌雄同体和雄性。一般雌雄同体的动物有两种交配方式：一种是双边的交配，就是同为雌雄同体的动物相互授精；另外一种是单边交配，也就是说在一次交配中，一方扮演雄性的角色，而另一方扮演雌性的角色。雌雄同体的线虫无法自己交配，却能产生精子和卵子，并且自行受精（显然，雄性线虫只能产生精子）。一条雌雄同体的线虫在排出 300 个卵子之后，如果没有及时遇到雄性，就会用光自己的精子。我们之所以知道精子是首先被用完的，是因为不一会儿，线虫体内就会聚集没有受精的卵子，有时候数目会多达100枚。

也许，线虫是一个特殊的例子。雌雄同体的动物并不会同时产生精子和卵子，更确切地说，是先产生精子。因此，产生的精子越多，产生卵子的工作就越延后，开始繁殖的年纪也就越大。生育过于延迟可不是件好事：在这些线虫中，生育得越早，就意味着儿孙越多。

线虫及其亲戚们并不是唯一会将精子消耗殆尽的雌雄同体生物。在海参、海兔、淡水蜗牛以及淡水扁形虫中，你也会发现精子有限的现象（尽管这些生物看起来相似，但他们的关系却疏远得很。他们的外形和生活方式都是独立进化而来的）。以三角真涡虫（拉丁文学名为 *Dugesia gonocephala*）为例，他们属于双边交配的雌雄同体生物，准备精包需要两天的时间，所以他们都非常注意精子的节约使用：他们获得多少精子，就付出多少精子，如果对方停止给予精子，那么他们也会停止，真可谓礼尚往来。无刺海蛞蝓（拉丁文学名为 *Navanax inermis*）属于单边交配的雌雄同体生物，但他们似乎更愿扮演雌性的角色——如果精子是无限的话，那么情况就应该正好相反。

那些怀疑雄性角色是否真的付出昂贵代价的人应该看看香蕉蛞蝓（banana slug）——一种生活在美国西北部太平洋地区的巨型黄色鼻涕虫。这种雌雄同体的动物采取单边交配的方式，至少在几种香蕉蛞蝓中，雄性一生只交配一次，而不管精子的数目是多是少。香蕉蛞蝓的生殖器不仅壮硕，而且结构复杂，因而在交配的过程中，生殖器经常会拔不出来。因此，在交配快结束的时候，雄性或者其伴侣会将卡住的生殖器咬断。既然断了，而且又不可能再长一个新的，雄性干脆就开始扮演雌性的角色。

说了这么多，让我们再看看你的境遇。雄性黑腹果蝇有两种因为交配而引起的不育。第一种是暂时性的：在交配一次之后，雄性在进行另一次交配之前应该休息一天以补充精子；第二种看来是永久性的。不幸的是，在迄今为止的实验观察中，我们仍然不知道永久性不育症出现得有多快。我们只知道如果雄性和两个雌性每隔一天交配一次，34天后——这还不到他们成年期的一半——将会导致完全不育。也许在野生状态下，雄性果蝇从来不可能交配那么多次，或者活那么久，因而不用受不育症的困扰。但这只是一种猜测，仍不能确定。所以说，你这个物种中的雌性跟许多物种中的雌性一样，喜欢新鲜面孔——这绝对不是偶然的。

亲爱的塔蒂亚娜博士：

我的雌狮简直就是一个花痴。她在性欲高涨的时候，每半个小时就要一次，而且这种情况要没日没夜地持续四五天。我累得筋疲力尽，但又不想让她知道。你能不能给我推荐几种增强性能力的药？

一头不愿沦为性机器的雄狮

来自非洲塞伦盖蒂平原

倒是有一种药，但我估计可能对狮子无效。不过，你可真够丢人的。一头像你这样的大狮子，应该能够说上就上，你居然还在这里抱怨。我曾经听说有一头雄狮在 55 个小时之内和两头雌狮交配了 157 次。我没骗你！

还是让我们看看你的情人为什么有如此惊人的欲望吧。你的麻烦是她得了性欲亢奋症，临床表现就是欲火冲天。这种亢奋症分为两种：第一种，雌性需要很多刺激才能怀孕；第二种，雄性跟雌性疯狂地交配不是为了给雌性带来刺激，而是为了确保同一窝中的孩子都是他的。你的情人显然属于第一种亢奋症。这种苦恼并不仅仅是你们狮子才有，其他如母老鼠、母金仓鼠（golden hamster）和母仙人掌鼠（cactus mouse）都需要强烈的性刺激才能怀孕。但雌狮的要求特别强烈：有人估算过，可致雌狮怀孕的交配次数还不到总交配次数的 1%。难怪狮子没事总喜欢打盹儿了。

这种性刺激究竟有什么作用呢？有些物种——比如兔类、白鼬和家猫——的雌性如果没有适当的性刺激，就不会排卵；而另外一些物种——比如老鼠——的雌性虽然会自动排卵，但如果没有足够的刺激，即使卵子受精也不会怀孕。至于雌狮，通常的假设是，她们跟家猫一样，没有刺激就不会排卵。研究攻击性动物的性爱是一件危险的事，所以我们仍然不太确定雌狮如此沉湎于性爱的真正原因。

不管性刺激对于雌狮来说有什么好处，根本的谜团还是一样。密集的性刺激对于野生动物来说是一件非常奢侈的事情，在自然界，如果这种行为不能带来任何好处的话，纵欲行为很快就会结束。如果雌狮不用这么多性刺激就可以怀孕的话——也就是说较少的性刺激并不会带来什么不利——那么她们对性刺激的需求程度就会降低。但是她们的性需求并没有降低，所以问题就凸显出来了：雌狮为什么需要这么强烈的性刺激才能怀孕？

这可能跟狮子的社会结构有关。雌狮以家庭为单位成群聚居，也就是我们所说的狮群。每一个狮群中都有一群雄狮，他们要击退其他雄狮群的挑衅。如果狮群中的雄狮战败，新来的雄狮会接管整个狮群，并且杀死狮群中所有他们能找到的幼狮。失去幼狮的雌狮将会停止产奶，重新开始发情。所以，从雌狮的角度来说，雄狮的经常变换不是一件好事。或许对雄狮的强烈性需求是雌狮用于测试他们是否强壮、是否能在数年内保卫狮群的一种手段。与这种猜测相一致的是，有某些证据表明，在雄狮的任期刚开始的时候，雌狮的繁殖能力会降低，好像在考验新来的雄狮。然而，这种对雌狮为什么纵欲的解释是不完整的，因为雌狮在领略了雄狮的实力之后，在发情期内仍然要交配数百次。

会不会是因为雌性本性喜欢滥交才使得雄性拼了命地满足对方，免得她们红杏出墙？这可以说明属于第一种性亢奋的情形。以金仓鼠为例，雌性被某个雄性刺激得越亢奋，她对另一个雄性的挑逗就越无动于衷。但在鼠类中，强烈的刺激并不是使雌性远离其他雄性的必要条件，但她的第一个情人表现得越生猛，这个情人成为孩子父亲的可能性也就越大。在小型鸣禽冠山雀（crested tit）中，雌鸟不停地求欢，雄鸟一旦不能满足雌鸟的需要，就会被赠送一顶"绿帽子"。不过狮子可就难说了。与观察仓鼠、老鼠或者冠山雀相比，对狮子进行观察的难度更大，所以对于雌狮滥交原因的一些猜测都没有得到证实。有记载说，发情的雌狮会和她的性伙伴单独出门几天；而另外一些记载又说，雌狮每天都要更换性伙伴。但基因分析表明，一窝小狮子不同父的情形非常少见，但这并不能说明太多问题。如果雌狮像老鼠（抱歉我这么比较）那样，那么幼兽的父系血统并不能反映出母亲是否忠贞，而只能说明在她的情人中有一位"床上超人"。

那么，究竟怎样才能找到答案呢？既然实验观察不可行，我们是否可以把狮子和其他猫科动物进行比较？因为所有的猫科动物都是亲戚，所以在类似的行为后面也许有着类似的原因。但不幸的是，这种比较让我们更为迷惑：尽管有些猫科动物也和狮子一样喜欢疯狂交配，但除此之外并没有共同点。我们并不能说因为狮子是群居，所以他们就容易性亢奋。有些独居的猫科动物——比如豹子和老虎——在发情的时候也会疯狂交配。性亢奋也不是大型猫科动物独有的，尽管大型猫科动物如美洲狮、豹子、老虎和美洲虎与狮子比较类似，但同样属于大型猫科动物的猎豹（cheetah）和雪豹（snow leopard）的性行为则与狮子不同。此外，沙猫（sand cat）的性行为也非常疯狂（其生活在中东和中亚沙漠中，以啮齿类动物为食，不太为人所知）。其他的一些小型猫科动物，比如红猫（bobcat）和长尾虎猫（tree ocelot）则不是如此。令人丧气的是，我们对这些动物种群中的雌性纵欲的原因也知之甚少。目前来说，我认为"雌性好滥交"假说是解释雌狮行为的最好假设，但一个诚实的陪审团会说假设并不能作为证据。

最后，我想再谈一点。大型水蝽（giant water bug）的性亢奋属于典型的第二种性欲亢奋症，雄水蝽紧紧抱着雌水蝽不放，以确保其他雄水蝽没有可乘之机。其原因就在于雄水蝽是尽职尽责的父亲，会把卵子背在自己的背上，并且帮助孵化小水蝽。雌水蝽不愿意跟有拖累的雄水蝽交配，所以，大多数雄水蝽一次只能与一只雌水蝽交配，所以他们要充分利用这种机会。我曾经听说，有的雄水蝽坚持要在36个小时内交配100多次，几乎为每一个卵子射精一次。显然，你不愿意被一只水蝽比下去，对吧？

亲爱的塔蒂亚娜博士：

　　我想我一定是个丑八怪。我是一只长尾舞虻（long-tailed
dance fly），热衷于参加所有的派对，但是在每个派对上，
我都被大家排斥。所有的小伙子都不愿意接近我，更不用
说用一顿令人垂涎的晚宴来诱惑我。我注意到，其他的姑
娘们看起来都像飞碟，就我看起来像一只普通的虻，我该怎
么办？

一个丑八怪
来自美国特拉华州

　　你的个案的确比较独特。在长尾舞虻的文化中，一向都有把
美食和性混在一起的传统。在日落前的一个小时，雄性长尾舞虻
会捕获一只可口的昆虫——可能是一只水分充足的蜉蝣，然后带
着猎物去寻找雌性长尾舞虻，这样她就可以一边交配，一边享受
晚餐。雌性长尾舞虻会聚集在一起，等候着雄性长尾舞虻的到来。
但与许多其他的昆虫不同，长尾舞虻的约会地点不会选在山上或
者树桩附近。雄性和雌性长尾舞虻在森林中的空旷地见面，雌性
长尾舞虻的身体以天空为背景形成一道剪影。

　　雄性长尾舞虻的眼光非常高，他们只愿意把自己捕获的昆虫
献给体形最大的雌性长尾舞虻。对于这一举动的含义我们还不是
很清楚。而在你的表亲当中，雄性对大个儿的雌性感兴趣是因为

她们更接近产卵期，雄性因而减少了被戴上"绿帽子"的风险。而在你这一类的长尾舞虻中，无法根据身材判断雌性是否即将产卵。但是，从昆虫到鱼类，体形更大的雌性生育能力更强，也就是说，根据体形可以判断她能产多少卵。可能正是基于这个原因，雌性长尾舞虻进化出一种使自己看起来更大的方法。在她们腹部的两边各有一个可以充气的囊，在参加派对之前，她们会坐在灌木丛上，大口大口地吸气，把自己吹成比正常情况大 3 ~ 4 倍的体形。你也可以试试，我想你将发现自己也会有飞碟般的外形。

在许多物种中，雌性只和带有礼物的雄性交配，那些空手而来的雄性求爱者会被雌性断然拒绝，礼物太寒酸的雄性也会受到惩罚——雌性只给他们很短的交配时间。这也许可以用来解释为什么雄性奇异盗蛛（拉丁文学名为 *Pisaura mirabilis*）——目前唯一已知会送礼的蜘蛛——会不厌其烦地用自己吐出来的丝把礼品一层层地裹起来。礼品包裹得越严实，雌蜘蛛打开包裹吃掉礼物所需要的时间就越长，虽然最后她可能发现那礼物还不够她打牙祭的。或许是新奇的礼物包装让雌性忽略了礼物本身的寒酸。

礼物有很多种形式，这取决于送礼者的不同。通常，礼物是可以吃的分泌物，内含蛋白质和其他营养物质。以热带蟑螂（拉丁文学名为 *Xestoblatta hamata*）为例，在一番云雨之后，雌蟑螂就要饱餐一顿——吃的就是从雄蟑螂的肛门中拉出来的东西，而且是直接"从门到口"。有时候，分泌物并不是用嘴来吃的，而是随着精液一起送给雌性。在交配过程中，雄性灯蛾（拉丁文学名为 *Utetheisa ornatrix*）会将一种化学物质传递给雌灯蛾，使其免受蜘蛛的猎杀。一旦雌灯蛾被蜘蛛网黏住，蜘蛛会因觉得她太恶心而立即把网弄断，放她走。还有一种怪异的灯蛾变种，叫作红体黄蜂蛾（scarlet-bodied wasp moth），他们美丽又聪明。雄蛾在交配的过程中会在雌蛾身上覆盖一层可以防止蜘蛛猎杀的细纱。然而，不是所有的礼物都具有实际的用途，如舞虻的亲戚小头虻（balloon fly），雄性会送给雌性一个白色的大丝球供她在交配的时候玩耍。

礼物越贵重，雄性对接受大礼的雌性也就越挑剔。毕竟，你不会把任何人都带到以豪华著称的里兹饭店去潇洒一番。摩门螽斯（Mormon cricket，蟋蟀和蝈蝈不会飞的表亲）在一次交配之后，雄性会发现自己的体重大减。他的礼物是他的分泌物——每次分泌会使其失去1/4的体重。所以，你可以断定这些家伙会挑三拣四，动辄拒绝人家的示好，只钟情于体形最大的伴侣。许多蝴蝶也有类似的情形：雄性在一次交配之后，无法在短时间内再做出一份大礼。所以，雄蝴蝶以对交配对象过分挑剔而名声在外。

至于长尾舞虻，雄性的挑剔并不是因为礼物的代价太过昂贵，更确切地说，他们挑剔是因为他们有资本。由于雌性长尾舞虻已经完全失去了捕食能力，只能依靠雄性提供食物，所以你最好使自己膨胀起来，以留给雄性长尾舞虻一个好印象。

　　男人的责任远不是会脱裤子那么简单。完美的性爱需要一级棒的体力，特别是在那些雌性的性伴侣比较多的物种中。所以，精子并不是一种廉价的东西。虽然每次你都要射出数目惊人的精子，你还是可能发现自己根本无法满足对方的需求。这的确是一个坏消息。如果一个雌性发现你无法满足其需求，她可不会傻等下去。她会把你一脚踹开。所以，在你跳上床和你第一个娇嫩的"美眉"颠鸾倒凤之前，一定要记住一位生活在18世纪的英国人——切斯特菲尔德男爵（Lord Chesterfield）——在向他的儿子描述性爱时说的一句话："愉悦是短暂的，姿势是滑稽的，代价是昂贵的。"

第三章　知识的果实

雌性为什么到处乱搞？因为一般说来，雌性越放荡，后代就越多，也越健康。但在不同的物种中，雌性纵欲的背后却有着不同的原因。

亲爱的塔蒂亚娜博士：

我是一只铜翅水雉（bronze-winged jacana），名叫维克拉姆，是后宫中的一员。我建了一个窝，并且把一切都收拾得井井有条，但我的那位却对我不理不睬，也不给我蛋让我孵化。我做错什么了吗？

一位不被宠爱的家庭妇男

来自印度泰米尔纳德邦

你一定要大声说出来，喊出来，一直喊到喉咙嘶哑为止！在铜翅水雉中，这是当雌性水雉用她优雅的长脚趾掠过睡莲时吸引她注意的好办法。毕竟，她很忙，一大片疆土需要她去防卫，不同的雄性等着她去交配，还得下蛋。如果你像一片漂浮在水面的羽毛一样，仅仅静静地待在四周，你就什么也得不到。你必须让她听见你的声音。

雌水雉把一切都规整得井井有条。她们和后宫中所有的雄性（通常是 4 只）发生关系，先为其中的一只下一窝蛋，然后再为另一只做同样的事情。雄性扮演着照料宝宝的姆妈角色，所以，一个正在孵蛋或者正在给小鸟喂食的雄性会被她从交配名单上划掉。也正因为如此，和一群后宫俊郎混在一起的雌鸟与只有一个伴侣的雌鸟相比，会产出 4 倍的鸟宝宝。这就是说，雄鸟在爽了一把之后，就得干点什么——从带孩子到做家务。

不用操心家务事是许多雌性滥交的原因之一。看看大美洲鸵（greater rhea）。他们貌似鸵鸟，不能飞翔，生活在南美洲，雄鸟会从好几只雌鸟那里获得鸟蛋，然后负责孵化所有的鸟蛋，并将其抚育长大。在每年的某个时候，你会在潘帕斯草原上看见雄鸟和他的一人家子四处游荡，雄性温柔的鸣啾可以保证雏鸟不会走失。同时，雌性则离去交配，为其他的雄性下蛋，并留给他们照顾。的确，这种体制（雄性同时照料几只雌性的小宝宝，而雌性则四处留种）非常普遍，尤其是在鱼类中。

即使在雌性不会如此恬不知耻地四处滥交的物种中，雌性只要四处睡觉，也会得到更多的好处。在红翅黑鹂（red-winged blackbird，他们虽然叫这个名字，但并没有红色的翅膀，而是有着红色的肩章）中，当雌鸟的鸟巢受到袭击时，所有与之有过一腿的雄鸟都会飞过来帮忙。这需要高明的手腕——如果雌鸟的当家的怀疑她有外遇，在其遇到危险时，他很有可能袖手旁观。以芦鸥（reed bunting）为例——这是一种体态娇小、有着棕色羽毛、叫声悦耳的鸟——当雄鸟怀疑小鸟不是他的时，他就不会那么尽心尽力地去喂养。

但这种情况不会发生在棕翼水雉（bronze-winged jacanas）身上。尽管基因分析还未完成，但我们仍然可以肯定地说，雄性通常会抚养一些不属于他们自己的后代。那么，他们究竟为什么可以忍受这种情况的发生呢？因为他们毫无选择。水雉是雌性当家。一只雌性棕翼水雉要比雄性棕翼水雉重60%，对于雄性来说，要么听从命令，要么退出游戏。这种体制究竟是怎么形成的呢？我真希望自己能知道答案，我肯定很多女人也想知道。

亲爱的塔蒂亚娜博士：

我是一只黄腰响蜜䴕①（拉丁文学名为 *Indicator xanthonotus*），拥有一处位于黄金地段的房产：面向悬崖，而且上面还有几个巨蜂（giant-honeybee）的蜂窝。许多雌响蜜䴕都来看我，而且她们还总让我与她们发生性关系。她们声称是因为爱我才和我做那事的，但我怀疑真正的原因是她

---

① 黄腰响蜜䴕产于非洲、亚洲等地，会将人、动物引向蜜蜂营巢处。

们在和我做完爱之后，就可以去饱餐一顿蜂蜡。我怀疑她们在跟所有的小伙子上床时，都会说同样的话。你能打消我的疑虑吗？

充满怀疑的响蜜䴕

来自喜马拉雅山

性爱换蜂蜡？我看这交易值！毕竟，你拥有她们想要的蜂蜡，而她们也拥有你想要的用于孵化后代的卵。所以，我不认为雌响蜜䴕应该无偿奉献身体，有机会找一个富有的单身汉，何乐而不为呢？但这里还是有一个可以供你自我安慰的理由：雌性黄腰响蜜䴕虽然不是什么贞女，但也绝对不是喜欢乱性的鸟儿——绝对不是。她们只和那些拥有自己的领地或者能提供蜂蜡的雄鸟交配，这一原则可是让很多雄性都望而却步呢。

小伙子们，要想赢得姑娘们的芳心，就得先搞定她的胃。还记得长尾舞虻的个案吗？没错，许多物种中的雌性都会坚持拿性换食物的原则。你可以用这样几种办法去满足女孩子的食欲。首先，就跟我们这位黄腰响蜜䴕一样，先占领一个地方，而且这个地方要有雌性喜欢的食物，雌性每登门造访一次，你就可以要求交媾一次；其次，你可以为你的雌性猎取食物；再次，你可以在吃过之后再分泌出礼物——我并不推荐这种方式，除非你是一只昆虫。

但糟糕的是，你可以用食物买到肉体，却买不到爱情。在那些雌性拿肉体换取食物的物种中，越是放荡的雌性往往吃得越好，后代也越多。以常见的蝗虫为例，如果有机会，雌性蝗虫最多可以和 25 只雄性蝗虫做交易以换取食物。滥交的雌性与那些只交配一次的雌性相比，产卵次数更多，每一批卵的数量也更多。特别是在时日艰难、食物难寻的时候，用一个半小时的交配去换取食物还真是划算。以喜欢潮湿草地的暗脉菜粉蝶（拉丁文学名为 *Pieris napi*）为例，处男射出的精包相当于自身体重的 15%。在这个精包中，除了精子，还包括一些营养物质，那些和几个处男发生过性关系的雌蝴蝶与那些只交配一次的雌蝴蝶相比，会产下更多、更大的卵，而且她们的寿命也更长。但如果她们的爱人不是处男，雌蝴蝶就倾向于滥交。那些已经交配过的雄蝴蝶无法提供优质的精包：他们射出的精包的尺寸只有他们在处男辉煌期射出的精包尺寸的一半。雌蝴蝶通过和其他小伙子上床来弥补营养的不足。

生活不易啊。雌性们，别忘了雄性可是尽其全力在寻找或者产生食物，但你们和人家发生了关系还不能保证一定使用人家的精子。这种发现引发了关于为什么雄性明知如此，还要去喂饱雌性的激烈争论。有些人认为一顿美食只是雄性与雌性交配的一种诱饵；还有人说他们是想成为好父亲，他们把一些必需的营养物质给雌性，让她们将其传递到卵子中，从而给他们的后代打下良好的体质基础。生物学家对数百个物种的卵子进行了分析，以了解卵子中是否有雄性传递过来的物质，但结果差异颇大。有时候，雌性把雄性的营养物质传递给了卵子，而有的则自己吸收了，甚至在有些时候，雌性把一个雄性精子中的营养物质给了由另一个雄性做父亲的卵子。这并没有什么好惊讶的。雌性总是希望和礼品最丰厚的雄性交配，至于如何处置那些聘礼则是她自己的事。一个小伙子能做的就是希望自己能使她满意。

祈祷吧！

亲爱的塔蒂亚娜博士：

　　我是一条雄性黑眼鲈鱼（shiner perch）。我听说放荡的雌性正在控制我们这个族群，因为她们能比那些守妇道的雌性生出更多的后代。我怎么做才能阻止这种对鲈鱼道德品质的可怕破坏呢？

一条愤怒的鲈鱼

来自墨西哥下加州

没错，在许多物种中，淫荡的雌性与那些恪守妇道的雌性相比，有更多、更健康的宝宝。但你也不要紧张，因为在你这个物种中，情况似乎并不是这样的。的确，雌性黑眼鲈鱼是一种非常主动的鱼类，她们在波浪中追逐雄鱼，而不是被动地等待雄鱼的求欢。体形较大的雌鱼的确喜欢勾引数条雄鱼，但与那些只交配一次的雌鱼相比，她们并不会因此而孕育出更多、更大或者更健康的胚胎。

那么，为什么雌性黑眼鲈鱼喜欢主动追逐雄鱼呢？没有人知道确切的原因。有一种看法认为，她们这么做是为了避免配偶患有不育症。大体上，我不认为这是一个针对滥交行为的令人信服的解释，因为在绝大多数的物种中，雌性交配的次数远多于避免碰到患有不育症的雄性所必需的次数。我也不接受另外一种流行观点，即那些储藏精液的雌性反复交配是因为她们的精子用完了。没错，雌性可能会用完精子，但在绝大多数物种中，雌性在精子还远没有用完之前，就跳回到了雄性的床上。除了以上观点，我认为"雌性滥交是为了增加后代基因多样性"的说法也是错误的。基因多样性是雌性滥交的结果，而不是原因。

让我们再回到黑眼鲈鱼身上，实际上，雌性黑眼鲈鱼滥交是为了避免配偶可能患有不育症的说法也有一定的道理。黑眼鲈鱼是一种与众不同的鱼类。与其他鱼类将精子和卵子排到水中的做法不同，黑眼鲈鱼的确要进行交配：雄鱼将精包放入雌鱼的生殖孔中。而且，雌鱼不是产卵，而是生出小鱼。但雌鱼的卵子受精时间要远远滞后于交配时间，这一间隔长达好几个月。在雌鱼的卵子受精的时候，雄鱼已经过了发情期，对交配毫无兴致，因为冬天将至，他们的睾丸已经失去了活力。那些只交配一次的雌鱼，如果碰巧对方患有不育症的话，想补救都没门了，只能白白错过当年的生育机会。我想你肯定不想让这种事情发生吧?

　　你倒是提出了一个非常有意思的问题。如果滥交成性是由基因造成的,那么,滥交行为将成为普遍的现象,因为放荡的雌鱼将比那些恪守一夫一妻制的同类繁殖出更多的后代。这就是我们说的物竞天择原理。但糟糕的是,对于基因是如何影响雌性动物性行为的,我们知之甚少,其中也包括黑眼鲈鱼。我能告诉你的就是,在黑腹果蝇和野蟋蟀(拉丁文学名为 *Gryllus integer*)中,雌性是否喜欢寻欢作乐,喜欢到什么程度,归咎于她们在基因上的差异。所以,小伙子们,仔细观察一下你女朋友的母亲——如果她是一味玩乐的女郎,你的女朋友也会这样的。

　　　　亲爱的塔蒂亚娜博士:

　　　　　　我郁闷死了。我是一只柄眼蝇(stalk-eyed fly),每天晚上都有成群的雌蝇排着队等着和我交配,但我几乎没有见过谁来过第二次。更糟糕的是,光顾我的姑娘没几个是处女,我知道她们还将一晚接一晚地去和其他小伙子鬼混。她们究竟要什么? 为什么我就不能满足她们呢?

　　　　　　　　　　　　　　　　　自我感觉很逊的柄眼蝇
　　　　　　　　　　　　　　　　　　　　来自马来西亚

　　确实,雌性柄眼蝇在性关系上极其随便,但她们有着极其苟刻的品味。你这个物种中的雌性迷恋那些有着特别大的柄，以至于柄端的眼睛之间的距离超过身体长度的雄性。当薄暮降临热带地区的时候——你个人一定有过类似经验——柄眼蝇会聚集在溪流附近，停驻在岸边植物的根须上。在柄最长的那只雄蝇的指挥下，雌蝇头朝根须方向。第二天早晨，她们将和那只雄蝇交配，然后飞走觅食。

你看，姑娘们可能说她们想要的是善良、敏感、忠诚的雄性——似乎她们更在乎个性，而不是外表——但实际情况是，在许多物种中，雌性更在乎的是对方的外表。这就解释了为什么雄性通常有着可笑的大尾巴，或者有着奇怪的发饰，或者眼睛长在又长又硬的柄的顶端。

达尔文对于许多雄性动物身上的过分装饰物以及他们对容貌的修饰困惑不解。武器功能的进化还容易解释，但是装饰功能的进化则让人费解。一般说来，装饰功能的突出似乎与物竞天择相冲突，因为这使动物的生存机会更小了。尽管孔雀的尾巴看起来华美，但是你什么时候见过会飞的孔雀？那场面一定够滑稽的：孔雀在空中跌跌撞撞，很容易就会成为老虎的点心。

达尔文提出了一个比物竞天择进化论还要激进的观点，用来解释大尾巴和其他一些轻浮的装饰物分明是让他们更容易沦为猎物，却得到了进化的现象。他把这种观点叫作"性别选择"（sexual selection）。这种观点认为，雄性拥有这些装饰物是因为雌性喜欢和那些最漂亮的雄性交配。漂亮的雄性因此拥有更多的后代，因而雄性对性感的追求大大弥补了大尾巴可能带来的风险。

达尔文受到了冷嘲热讽。雌性动物拥有审美情趣？真滑稽。雌性动物拥有选择权？真荒唐！但一般说来，他的说法还真没错。现在，我们已经知道，在许多物种中，都是由雌性动物来决定跟谁交配，而且，她们的偏好促进了那些夸张饰物的进化。目前仍然引起激烈争论的是，雌性动物选择那些有着最长的眼柄或者最大的尾巴的雄性，能从中得到什么好处。仅仅是因为性感？或者是因为其他的什么？

从理论上说，两种猜测可能都有一定道理。纯粹为了性感可以通过著名的"费希尔失控选择模式"（Fisher's runaway process）或者通过拥有"性感儿子"（sexy sons）的优势得到验证。费希尔是何许人也？罗纳德·费希尔（Ronald Fisher）是 20 世纪最伟大的数学遗传学家之一。根据他的理论，雌性动物的择偶品味在开始的时候是随机性的，比如雌性喜欢大尾巴的雄性只因为她们就是喜欢。因为她们的这种偏好，拥有大尾巴的雄性交配次数最多。那些喜欢拥有大尾巴雄性的雌性产下的后代将拥有更大的尾巴（性感儿子），他们也将获得更多的交配机会。如此循环不止。那么最终的结果就是，尾巴变得越来越长。这种趋势什么时候才会停止呢？当拥有更大的尾巴的害处——成为其他食肉动物的午餐——已经超过了性感带来的好处时，这种趋势才可能停下来。

要说起来，追求美丽不仅仅是因为虚荣。根据"优秀基因"假说，雄性可笑的大尾巴、怪异的头饰或者傻了巴叽的眼柄都在向姑娘表明，自己不仅拥有大尾巴、怪异的头饰等基因，还拥有一般意义上的好基因。换句话说，有着大尾巴的雄性就一定是最好的，由于有最好的基因，所以他们长得漂亮，而且，他们后代的生存机会也更大。

大体上，费希尔的失控选择模式和优秀基因理论都有道理。尽管在具体的情况中，我们通常很难确定大自然究竟是基于什么原因做出的选择。让我再给你举几个例子。

生物学家在研究野生鸟类的时候，为了便于区分，经常给鸟腿戴上不同颜色的脚环。很显然，这个带颜色的环并不是可以遗传的特征。但事实证明，雌性斑胸草雀认为戴着红色脚环的雄性斑胸草雀非常性感，甚至性感到她们愿意为他多下一窝蛋。而戴着绿色脚环的雄性斑胸草雀则没有这么大的魅力。也许雌鸟认为绿色与雄鸟橘黄色的双腿并不相称，但不管怎么样，戴着绿色脚环的雄鸟在姑娘们面前总没有好运气。还有什么比这种任性的选择更没道理的呢？

尽管这种偏好说明雌性会纯粹以性感作为择偶的评判标准——这是费希尔失控选择模式的基本要素——但在自然环境中，你很难判定雌性选择交配对象究竟是因为对方性感还是为了获得优秀基因。还是以孔雀为例，有着绚烂大尾巴的孔雀的后代比那些有着难看尾巴的孔雀的后代生存率更高。猛地一看，这似乎印证了优秀基因的假设，但问题是，和性感雄性交配的雌性可能要面临更多后代抚育上的麻烦。在野鸭中，母鸭和最性感的公鸭交配后产下的蛋比与其貌不扬的公鸭交配后产下的蛋要大得多。体积越大，小野鸭的成活率就越高。但研究证明，公鸭的性感程度和鸭蛋的大小并没有关系。那么，唯一的解释就是，体积大的鸭蛋会受到母鸭更多的疼爱。母鸭为什么会这样呢？没人知道。也许，是费希尔失控选择模式在起作用——也许伴侣性感的母鸭会更加细心地照顾鸭宝宝，因为她知道她的鸭宝宝长大之后也会变得很性感。那么这种情况是否也适用于孔雀呢？我们不得而知。尽管雌孔雀下的蛋都差不多，但和性感伴侣下的蛋仍会和与其貌不扬的孔雀下的蛋有所不同。比如，斑胸草雀如果和帅哥交配，就会增加卵子里睾丸激素的成分，而这种变化会大大提高小草雀的生长速度。

　　长着柄眼的朋友，你的情况也很复杂。当雌性和你交配时，她们追求的究竟是优秀基因还是性感儿子呢？有证据表明，如果幼虫的生长环境恶劣，那么只有少数雄性幼虫拥有长出大柄眼的基因。乍看起来，这似乎再次证明了优秀基因理论：雌性会选择那些有能力应付恶劣环境的雄性。唉！帅哥的后代是否会比“衰哥”的后代生存能力更强呢？在得到证据之前，我们不能给出什么肯定的结论。不过，雌性挑选长眼柄的雄性，就一定会增加儿子性感的概率。

亲爱的塔蒂亚娜博士：

我是一只寄生在长臂天牛（harlequin beetle）身上的拟蝎（拉丁文学名为 *Cordylochernes scorpioides*）。至少算是吧。但当我发现一只长臂天牛，正准备骑上去时，却被拒绝了。然而，当长臂天牛准备飞走的时候，某个浑蛋拟蝎帮我的女朋友爬上去，却把我推到了一边。我女朋友和他眉来眼去，这个水性杨花的东西，我就知道他们已经有了一腿。我只好留在这截栗色的朽木上。每次长臂天牛在我头上飞来飞去的时候，我都会挥舞我的螯，但没有一只愿意停下来。我怎样才能离开这里，找到一个真正爱我的姑娘呢？

不知所措的拟蝎
来自巴拿马

朋友，看来你的麻烦还真不少。我们还是先看看最让你苦恼的一件事吧——如何离开那截烂木头。如果你仅仅是挥舞着你的螯，恐怕是哪里也去不了。我这里倒是有一个独家秘籍。拟蝎居住在朽木上，尤其喜欢倒伏在地上的无花果树的树枝。但大自然的这种精心安排存在一个问题：那些树枝迟早会完全腐烂。在这种情况下，居住在朽木上的居民也将不得不另觅良栖。那么，怎样才能在木头完全腐朽之前，离开那里呢？这正是长臂天牛扮演的角色的职责。长臂天牛有着华贵的外表——在他们乌黑发亮的翅膀上，装饰着不规则的红色条纹。与你息息相关的，不是他们的外貌，而是他们的住处——朽木。生命的循环从长臂天牛在刚掉到地上的无花果树树枝上产下幼卵开始。他们的孩子就在树枝上成长发育，几个月之后，就进入成年期，而你的机会也就来了。拟蝎体积很小，比我们通常看见的蝎子要小很多（其实，两者最大的区别是，你们的尾巴上没有长刺）。这意味着你们可以藏在长臂天牛的翅膀下面，在他们飞到其他新木头上交配、产卵时，搭上一段顺风车，去建立你们自己的新家庭。

但正如你看到的，长臂天牛翅膀下的空间非常有限。即使是一只大块头的长臂天牛，其翅膀下面最多也就只能躲进30只拟蝎。更糟糕的是，一只体积较大的拟蝎可以通过武力捍卫自己的空间。他们利用这种所谓的勇敢，赶走其他雄性拟蝎，从而帮助雌性拟蝎抢占到一个"座位"。在他们被带到天上后，他们就会尽可能多地和那些姑娘交配。现在，正如你所担心的那样，你的女朋友可能正坐在那个"大浑蛋"为她准备的大精包上。对此，我感到很遗憾。而且，我还有其他的坏消息要告诉你。由于已经长大成人的长臂天牛对朽木毫无兴趣，所以除了与你住在同一截朽木上的长臂大牛，你不可能碰到其他的过路者。所以，如果你不能在你居住的朽木上找到另外一只长臂天牛并爬到他身上去，你将永远被困在这截烂木头上，等待着死神的降临，而且要断子绝孙。

但你也不要太难过。当长臂天牛带着你的女朋友到达另外一截木头时，她和其他的雌拟蝎也就到达了"新大陆"。你的女朋友会在那截正在腐烂的木头上产下一大家子小拟蝎。由于雌拟蝎有储存精子的能力，所以在她产下的一群小拟蝎中，会有几个是你的孩子。所以，当你坐在"孤岛"上时，可以想想那些跟你长得很像的小拟蝎。

至于说你想找一只真心真意的雌拟蝎，嗯，我看很难，这就像追逐流星一样不太可能。

雌拟蝎生来水性杨花，喜新厌旧。至于说她们为什么会这样，答案非常简单：和两个不同雄性交配的雌性比和同一个雄性交配两次的雌性怀孕概率更高。我不是说很多雄性都有不育症，而是只和一个雄性交配的雌性流产的可能性更大。很明显，来自双方的基因经常出现不亲和的情况，从而不能相互作用产生出宝宝来。但如果雌性和不同的雄性交配，就可以避免这个问题的出现。

我怀疑，避免基因不亲和性的情况出现，是许多物种中雌性滥交的原因。这是一个新观点，目前仅在蜜蜂等少数昆虫和动物身上得到了验证。雌性和雄性之间的基因不亲和性可能是一种普遍存在的现象。比如四纹豆象（拉丁文学名为 *Callosobruchus maculatus*），雄性在精子竞赛中能否取胜，在一定程度上取决于他配偶的基因。而且，可以肯定的是，基因不亲和性是许多物种不孕不育的重要原因。

就拿人类来说，可能有10%的夫妇患有不孕不育症。在这个比例中，又有10% ~ 20%的夫妇不孕不育不是因为本身患有不孕不育症，而是因为双方基因的不亲和性。此外，有些妇女容易自然流产，同样是因为双方的基因相互排斥。是这个原因导致了女人的不忠吗？我只是这么猜猜看。

尽管如此，暂时还没有经过完全证实的迹象表明，人类可能已经具备了避免此类问题发生的反应机制。想象一下，与自然流产有着某种联系的基因是一个巨大的基因复合体的一部分，这个基因复合体叫作主要组织相容性复合体（major histocompatibility complex，简称"MHC"）。这些基因在免疫系统中发挥着重要作用。它们决定哪些是入侵的异物，比如传染病菌；但它们也会导致器官移植的排斥现象。在这个复合体中，可能有1000个不同的基因，而其中一些基因又会有1000种不同的形式，所以，它们的种类异常繁多。说真的，主要组织相容性复合体使得每一个人都有独一无二的气味。比如说，人和老鼠都可以闻出那些除了主要组织相容性复合体不一致，其他遗传因素完全一致的同类在气味上的差别。科学家在进行了多次"臭T恤"试验——也就是让人们闻异性穿了数天的T恤——后发现，人们更喜欢那些与自己的主要组织相容性复合体中的基因有所不同的人穿过的 T 恤的味道。对，你猜对了。自然流产更多地发生在夫妇双方主要组织相容性复合体的某些特定基因相同的人身上。

当然，一个女人不会仅仅根据味道去选择爱人，所以，当你想知道谁跟谁能否成为一对儿的时候，你不可能有什么规律可循。但有趣的是，在那个闻"臭 T 恤"的试验中，有些女人喜欢和自己的主要组织相容性复合体相同的男人穿过的 T 恤，她们正好都在口服避孕药。目前，我们还不知道这两者之间有什么联系。但如果这个发现是一个普遍事实的话，推论出的结果将会让人郁闷。

亲爱的塔蒂亚娜博士：

我在这里不想透露我的真实身份，因为我写信给你不是因为我自己或者我的族群，而是因为我那些闹死人的邻居们——一群黑猩猩。当那些雌猩猩欲火冲天的时候，简直就跟荡妇一样。昨天，我看见一个姑娘在 15 分钟之内和 8 个小伙子"嘿咻嘿咻"。还有一次，我看见一个姑娘在 8 天之内和 7 个小伙子"嘿咻嘿咻"了 84 次。她们怎么这么放荡呢？

不知所措的目瞪口呆者

来自非洲象牙海岸

　　你提出了一个好问题。雌性黑猩猩在性关系上极其混乱，这激起了很多科学家的研究兴趣。但说实话，到现在我们都不知道她们为什么有着这么令人难以置信的狂野作风。但通常，有两个理论会被搬出来作为解释。

　　第一个理论就是，雌性黑猩猩的滥交导致不同雄性黑猩猩的精子竞争。换句话说，精子竞赛不是雌性黑猩猩和一只以上的雄性黑猩猩交配的结果，而是原因。我知道，这听起来感觉怪怪的，但这个理论经常被搬出来作为在许多物种中雌性放荡的借口，所以这个理论值得我们进行深入的研究。下面，是对这个理论的解说。

　　假设在一开始的时候，有些雄性比其他雄性的生育能力更强（更容易使卵子受精）。他们生育能力更强的原因并不重要，重要的是这种能力具有遗传性。也就是说，在使卵子受精方面的卓越表现必定是建立在遗传基础上的，而儿子一定可以从父亲那里继承这些基因。那么，那些四处寻找性伴侣的雌性——因而引发了精子之间的竞争——产下的雄性，将比那些只交配一次的雌性所产下的雄性具有更强的生育能力。

　　尽管还缺乏直接证据，但我不否认有其存在的可能性，不过我仍然认为需要有力的证据证明，促进精子竞赛是所有物种中的雌性四处乱搞的主要原因。尽管生物学家们设计了无数次的精子竞赛试验，以查明在精子竞赛中究竟谁会赢，但是总有许多变数会影响结果，可见没有一个一般性的规律。有时候，赢家是首先射精者，有时候是时机的问题，有时候取决于参与精子竞赛的雄性数量，等等。可以肯定的是，许多变数都不是遗传可以控制的。以老鼠为例，雌性的生殖道是分叉的，因而，在左右两个生殖道里面的精子竞赛结果很不一致。

即使你成功地证明了某一个雄性的精子总能够在精子竞赛中获胜，也并不意味着他的这种优势能够遗传给他的儿子。至少，成功的精子有个关键成分是不能从父亲那里遗传获得的，这就是精子前进所必需的"引擎"。这些引擎的学名叫线粒体（mitochondria）。这是一种非常非常小的组织，能够产生细胞所需要的能量。在绝大多数的物种中，线粒体是通过母亲来遗传的。"引擎故障"可能使一个雄性失去使卵子受精的机会吗？当然。比如说，男人、公羊和公鸡的线粒体如果存在缺陷，就可能导致不育。反过来说，有些雄性的精子质量并不见得有多么优秀，但它们的移动速度却宛如装上了涡轮，那架势就像是给自行车装上了火箭的引擎。所以你看，仅仅证明某个雄性的精子是常胜将军是远远不够的，你还不得不证明这种优势是基于可以遗传的特性。我猜"引擎"的不可靠性可以解释在存在精子竞争的种群中，为什么精子有体积变大、数目变多、结构变得更为复杂的趋势。所有这些遗传特征有可能部分补偿了"引擎"的不可靠性。

解释雌性黑猩猩为什么生活如此糜烂的第二个理论就是混淆

理论（obfuscation theory）。这个理论认为，雌性黑猩猩和看到的每一只雄性黑猩猩交配，可以让小猩猩的父子关系混淆。显然，如果一个雌性像你所描绘的那样喜欢群交，那么连她都没法弄清楚究竟谁是孩子的父亲。这样做会带来什么好处呢？嗯，可能是因为如果雄性黑猩猩认为孩子是自己的，就不会把他杀死。雄性黑猩猩有时候会杀死小黑猩猩，雌性黑猩猩的滥交就可能使小黑猩猩避开惨遭毒手的危险。至于雄性黑猩猩是否更倾向于谋杀没有与自己交配过的雌性黑猩猩的孩子，目前仍然是一个谜。

对于你的情况，我建议，如果条件允许，何不搬到一个风气较好的地方住呢？

> 亲爱的塔蒂亚娜博士：
>
> 　　我是一只黄粪蝇。听说在我这个物种中，精子是由卵子来挑选的。如果情况属实的话，我要怎么做才能使我的精子更有魅力呢？
>
> 花花公子
>
> 来自一处牛粪堆

你的这个问题很棘手。关于卵子或者说雌性主动挑选精子的说法一直存在很大的争议。但可以确定的是，雌性的确有能力拒绝某一个雄性的精子。以加勒比海暗礁鱿鱼（Caribbean reef squid）为例，雄鱿鱼将精包放在雌鱿鱼的头部或者触角附近。雌鱿鱼或将精包放入自己的精子储存器官中，或将精包拾起来扔开。还有一个例子是饲养场的鸡。母鸡在和鸡群中社会地位比较低的公鸡交配之后，会排出公鸡的精液。至于雌性储存来自几个雄性的精液，然后选择赢得胜利的精子或者卵子偏好的某些特殊的精子，则是另外一件事。我知道有一个案例就是这种情况。

你见过栉水母（comb jelly）吗？没有？目前，已知有 100 种栉水母，由于他们喜欢生活在深海中，所以可能还有更多的栉水母没有被发现。栉水母经常被误认为是水母——他们的身体都是透明的，生活在开阔水域，被他叮一口会疼得要死。但两者只是貌似。栉水母的身体更为坚硬。不过两者最主要的区别还是栉水母有栉——在每个栉水母的身体四周有 8 列用于游泳的栉状纤毛，栉水母通过这些纤毛的一起挥动缓缓前进。卵形瓜水母（拉丁文学名为 *Beroë ovata*）外形似钟，是体积最大的栉水母门动物之一。丧钟为谁而鸣？你就不要问了。如果你也是一只栉水母，恐怕那丧钟就是为汝而鸣：卵形瓜水母是一种非常贪婪的食肉动物，他在游动的时候，总是张着大嘴，随时吞食其他栉水母门动物（在卵形瓜水母不太饿的时候，他会闭着嘴缓缓而行）。咱们还是言归正传吧，卵形瓜水母拥有独特的生殖习惯。

跟其他绝大多数栉水母一样，卵形瓜水母也是雌雄同体的动物，他们同时将精子和卵子排在海水中，自体受精的情形倒是并不常见。通常，从同一个栉水母体内排出的精子无法穿越自己排出的卵子的外壳。到目前为止，还没有谈到什么奇特的，真正的奇特之处在于卵子受精之后。当一个精子进入一个卵子之后，栉水母的受孕过程与其他动物相比，并没有什么不同；但当几个精子进入一个卵子之后，情况就变得非常有意思了。

　　如果是人类，当几个精子进入一个卵子时，受精卵一般不会继续发育。但是，对于有些动物——比如说鲨鱼——多精授精是一种比较常见的现象，并不会导致受精的终止。而对于我们的朋友栉水母而言，这似乎提供了一个选择交配对象的终极竞技场。在最终决定与哪一个精子结合之前，卵子的细胞核来回移动，依次"拜访"每一个精子的细胞核。整个过程需要耗费几个小时，而且卵子的细胞核并不一定会和最后一个"拜访"的精子结合，有时候可能会回过头和先前已经检查过的精子结合。卵细胞核评判精子的标准是什么呢？由于对这一方面的研究还很少，所以很难推测。

　　当然，有可能在其他物种中也有类似情况，只不过不为我们所知罢了。对多精授精的研究非常困难。你也知道，栉水母卵子的受精过程是在体外完成的，所以很容易在显微镜下进行观察。而对于在体内完成受精过程的动物——比如说那些需要进行交配完成受精过程的动物来说，就不太可能用显微镜观察整个受精过程。也就是说，我们只能推测这些动物的卵子是如何选择精子的。

一个成功使多个雌性的卵子受精的雄性，并不一定是因为他的精子被特意选中。成功的精子可能是因为其更具有竞争性或者是其更具兼容性，或者纯粹属于机会好。以绿头鸭为例好了，通过将几只不同公绿头鸭的精液混合在一起，以人工授精的方式置入母绿头鸭体内，其中一只公绿头鸭将会成为幸运儿。但每次那个幸运儿都不一样，甚至在每次置入母绿头鸭体内的都是相同的混合精液的情况下，每次的幸运儿也都不一样。这就说明，某个雄性的精子的表现是否积极与是否能成为幸运精子并没有太大关系。

至于黄粪蝇，据说雌蝇是否使用某只雄蝇的精子取决于她究竟是在阴暗处的牛粪堆上还是在阳光下的牛粪堆上产卵。这的确很有意思，但非凡的看法需要非凡的证据，而我们目前还没有获取相关证据。但不管怎样，如果我是你，我会专心于取消伴侣的精子选择权。如果一只雄性黄粪蝇交配的时间足够长的话，他的精液就可以替代先前与这只雌性黄粪蝇交配的雄性的精液（为了达到这种效果，个头儿较小的雄性的交配时间，必须要比个头儿较大的雄性的交配时间长，因为个头儿较小的雄性的精液传送速度更慢）。在用你的精液取代先前雄性的精液之后，你就得守着与你交配的雌性，直到她产卵为止。这样的话，你就不用担心了，因为你的精液是她唯一可以利用的精液。去试试吧。

⊖　　⊖　　⊖

所以，你们看，由雌性主宰两性战场的理由有很多，不过我们不见得一定要知道每一种特例背后的原因。如果你遇见了一个四处逡巡的姑娘，你很想知道她究竟有什么企图，我们倒是可以提供一个可能性的一览表：

☐ 她储存的精子已经用完了。

☐ 她的情人都患有不育症。

☐ 她情人的基因都很烂。

☐ 她情人的基因与她的不相容。

☐ 她的那些情人长得都很难看。

☐ 她希望她的孩子具有多样性。

☐ 她其实是惦记着你拥有的那些食物。

☐ 她希望你能帮她抚养孩子。

☐ 她希望把你的精子招进来参加竞赛。

☐ 她希望能为她自己或她的卵子找一个选择精子的机会。

☐ 她希望把大家搞糊涂，弄不明白究竟谁是孩子他爹。

你可能注意到了，有一个最大的可能性不在这个列表中，那就是：雌性为了纯粹获得感官享乐而到处乱搞。之所以没有列上这一条，我是经过了深思熟虑的——我们对于性快感的进化几乎一无所知。但我敢打赌，当雌性从滥交中获益良多的时候，一定也包括性快感。

伙计们，将雌性淫荡视为不幸的意外的陈旧想法早就该入土了。此种观点将雌性淫荡归结为雄性出现了"功能性障碍"，或者是雌性受到胁迫的结果，或者是让令人讨厌的家伙滚蛋的最后手段（也就是"权宜性一妻多夫"的好处，该观点认为雄性一旦得手，就不会再骚扰雌性了）。我不是说雌性从来就没有被迫发生性关系或者说受到性骚扰，也不是说雌性到处乱搞无可厚非。以寄生胡蜂（拉丁文学名为 *Macrocentrus ancylivorus*）为例，交配次数过多的雌性可能会因为精液凝固而无法让卵子受精。不管你们是否喜欢，在许多物种中——从蝗虫到果蝇，从拟蝎到蜘蛛，从红翅黑鹂到土拨鼠——雌性与许多雄性乱搞的原因并不是那么简单。她们之所以这么做，是因为她们能从中受益——滥交的雌性有更多、更健康的后代。似乎物竞天择总是对荡妇展示它的微笑。抱歉，小伙子们。

第四章　刀光剑影

决斗之道就在于知道什么时候该战、什么时候该跑，并且，还要知道什么时候该使坏。

亲爱的塔蒂亚娜博士：

我是一只榕小蜂[①]（fig wasp），我现在害怕得六神无主，我所认识的所有雄蜂都是疯子。他们不是向我们雌蜂求爱，而是互相将对方咬成两截。我怎样才能制止他们呢？

想给和平一个机会的榕小蜂

来自巴西里贝朗普雷图

恐怕你是无能为力了，你们可是地球上最暴力的种群之一。为了争夺无花果树上的每一簇无花果，都会有成百上千万只年轻的雄性榕小蜂在战斗中壮烈牺牲。这也正是他们都长着奇大无比的脑袋、巨大的长柄状下颚以及厚实的宛若盔甲的肩膀的原因。

---

① 榕小蜂属于榕小蜂科，在无花果内繁殖并积极为无花果树和灌木授粉。

他们之所以看起来个个精神错乱，就是因为在你们这个物种中，不是杀死别人就是被别人杀死。尽管如此，你也不要烦恼。一旦征服了敌人，胜利者就会跟你交配。为什么会进化出如此残忍的个性呢？答案就在你们非同寻常的生活方式中。

　　在整个阳光炙热的热带地区，猴类、鸟类、啮齿动物和蝙蝠都得依靠无花果树的果实生存。树是大自然的造化：在远古时代，树木葱郁、千姿百态、大小各异，上天造就了成百上千种树，如树枝向四处蔓延，树枝上又生出根的菩提树；如矮小的灌木丛；又如最终会把宿主扼死的寄生植物。尽管不同种类的无花果树生存方式各异，却都有着一个共同点：得依靠榕小蜂帮助它们授粉。如果没有蜂类，它们就无法延续生命。曾经有人将无花果树移植到夏威夷的考爱岛，由于没有将蜂类一块儿带过去，无花果树根本没有办法进行繁殖。

　　尽管不同的无花果树有着各自专属的不同蜂群，但蜂类和无花果树之间的亲密关系却如出一辙。循环从雌蜂到达一朵无花果的花苞开始，在一个盖果基里生长着几百朵小花。整个花苞结构最终将长成一个果实。雌蜂到来之后，就想方设法钻进盖果基，在这个过程中，雌蜂不是碰掉了翅膀就是碰掉了触角，但同时也完成了自花授粉。在不同的蜂类中，有的是在无花果里面飞来飞去的时候，无意蹭上了花粉从而帮助花朵完成授粉；有的是故意抹去经过挑选的花朵上的花粉，然后产卵，将每个卵分别放进小花的子房。然后，雌蜂就死去了。

蜂宝宝睁开眼睛的时候，会发现自己躺在无花果树的种子堆里——当然，种子也够小的，每颗种子只有一两毫米长。蜂宝宝就靠吃这些种子生活，就像是授粉者对无花果树征收的"授粉税"。听起来好像不多，但累积起来，被消耗掉的种子可不是小数目，有些无花果树一半的种子都会被这些"税务官"吃掉。雄蜂首先从树种中爬出来，然后会帮助雌蜂爬出来。再然后，他们立刻开始交配，之后，雄蜂会对雌蜂大献殷勤，考虑如何找到果实的出口，以帮助雌蜂逃离。由于雄蜂没有翅膀，所以他的生死都在一个无花果里面。与此同时，雌蜂已经收集好了花粉，然后飞到一个新的无花果，再想方设法钻进去。如此循环不止（这是否意味着人们在每次吃无花果的时候都会吃到死掉的榕小蜂？也许会，也许不会。并不是所有种类的无花果都需要榕小蜂去传粉才能结果，但有些的确需要榕小蜂的协助。那么，人在吃这种无花果的时候，就会吃到死掉的榕小蜂。但这并没有什么大不了的。我已经说过了，榕小蜂非常小，而且他们无毒无害。相反，他们还能提供一点蛋白质呢）。

你一定注意到，我说了这么半天，还没有提到那些爱打架的雄蜂。这是因为会授粉的榕小蜂通常都是和平爱好者。对于无花果来说，榕小蜂并不是唯一的房客。每棵无花果树不仅仅要接纳会授粉的蜂类，还不得不忍受讨厌的寄生蜂——有时候其种类多达 25 种。有些是性情变坏的授粉榕小蜂，他们也依靠无花果树生活，但曾经被他们装满花粉的口袋已经空空如也，其他的寄生蜂就是掠夺者，专门捕食授粉榕小蜂。我们对于绝大多数的寄生生物了解不多，但我们知道他们一般都有暴力倾向。

寄生蜂与榕小蜂最大的区别还是雌性寄生蜂的产卵方式。她们不是爬进无花果里面产卵，而是从外面钻一个洞将卵产在里面。这意味着这些雌性寄生蜂与那些会授粉的雌蜂不同，不用将她们所有的卵都产在一个地方，而是在很多无花果里产下自己的卵，但每个地方只产下几个。在每年的某个时候，你会看见在无花果的表皮上有小斑点，那就是那些雌性寄生蜂在钻洞时留下的。

寄生蜂在几个无花果中产卵会导致以下问题。在无花果树分布密度较低的地方，可能一个无花果中只有一只雄蜂，而没有雌蜂。所以，雄蜂会长出翅膀就毫不奇怪了，他们得飞出去寻找在这棵无花果树以外与自己血缘相同的爱人。但在无花果树集中的地方，雄蜂就不会飞——你就属于这个类别。任何一棵无花果树都可能是雌蜂居住的场所。麻烦之处就在于，这个地方也可能是竞争者的家。所以，屠杀开始了。

不共戴天的搏杀是除掉对手的有效方式，不过危险性也高。雄蜂一般并不想将对手置于死地，除非这么做对他来讲利大于弊。毕竟，死亡是下一个生殖循环的序曲。因此，在你们这种只有一个产卵季的物种中，最有可能出现毁灭性的对抗。只有一次繁殖机会并不是导致暴力成为家常便饭的唯一原因，还有两个因素也起着关键作用。首先，成熟待孕的雌蜂无论是在时间上还是空间上都会集中在一起，所以雄蜂要想交配的唯一机会也就在此时、此地；其次，打架一定可以增加与之交配的雌蜂的数量，如果打架让其错过交配，则实在无法理解雄蜂为什么要浪费时间。比如，如果雌蜂只交配一次，但是她们的数量充足的话，雄蜂会忙着交配而不是忙着去打架——这可以解释为什么我们从来都没听说过授粉蜂会打架斗殴。

　　还有其他少数几种动物有着极端暴力的坏名声，但我们对他们知之甚少。以生活在非洲和南美洲的一年生鱼（"annual" fish）为例。他们的生活方式简直不可思议：他们住在污水坑、池塘和水沟里，而这些地方一年里有一半时间都没有水。在水干了之后，他们也就寿终正寝了，但被埋在干泥下面的卵子仍然活着，等待着下一个雨季的来临。如果你取一堆土，再放入水，很快，就有鱼变出来了！你现在明白为什么有人信奉自然发生说（spontaneous generation，也叫"无生源说"）了吧。雨季持续的时间并不长。由于没有机会搬迁到附近的新地方，所以每条鱼都希望自己成为小池塘中的老大。其中的一些雄鱼是已知最好斗的鱼类之一。我可以肯定地说，池塘有水的时间越短，斗争就越激烈。

　　再看看格斗蛙（gladiator frog）。这是一种生活在热带的褐色青蛙，雄性进化出一种类似于弹簧刀的武器：在前肢的拇指上，长着可以伸缩的、状如镰刀的刺，非常锋利。在大多数情况下，这些刺被包在肉褶中。但当两只雄性青蛙打架的时候，他们会用这些刺抓对方的脸，目标直指对手的眼睛和鼓膜。尽管我们不知道在野生状态下这种打斗导致死亡的比例，但我们知道这种打斗有可能致命。正如你猜测的，雄性之间的求偶竞争非常激烈。对格斗蛙打斗原因的推测是，他们的生命非常短暂，即使没有战斗，也很少有雄蛙可以活到下一个繁殖期。

也许，最奇怪的暴力个案并不是发生在动物身上的，而是发生在一种叫作赭黄齿耳龙须兰（拉丁文学名为 *Catasetum ochraceum*）的兰花和它的亲戚身上的。在这些兰花中，雌花只授粉一次，一旦授粉，雌花就闭合准备结果，因而雄花之间的竞争非常激烈，都想成为那唯一的一个。由于它们是植物，不可能直接打斗，所以它们将攻击目标直接转向了倒霉的花粉传播者——蜜蜂。雄花攻击所有胆敢进入花朵的蜜蜂，将一种黏糊糊的花粉袋喷射在蜜蜂的背上。有一种兰花能在一秒之内将花粉喷出 323 厘米远。由于粉袋很大，重量甚至可以达到一只蜜蜂体重的 23%，所以蜜蜂无法承受如此重负。只要发生一次袭击，蜜蜂就会避开这些雄花，而只拜访那些温柔的雌花。

至于说到残忍，则谁也比不了无花果榕小蜂。我认识一个想研究榕小蜂之间对抗行为的科学家，但他发现自己永远不能及时赶到现场。无论他什么时候劈开一个无花果，总是发现里面只有一只存活的雄蜂正在和无花果里面所有的雌蜂交配，以庆祝自己的胜利。所以，正如你看见的，你认识的那些家伙如此暴力是有原因的，或许现在你已经明白了，你会原谅他们的疯狂。

　　亲爱的塔蒂亚娜博士：

　　　　或许你能帮我一个忙。我不知道我究竟怎么了。我是一头27岁的非洲象，曾经喜欢在水潭洗澡，喜欢所有打发时间的娱乐。但是，这些欢乐现在已经离我而去。我变得易怒——如果我看见一头雄象，我就想干掉他。而且，我变得纵欲。每个晚上，我都会做春梦，而且看见一头美丽的雌象我就无法自持。更糟糕的是，我的生殖器变绿了。我究竟得了什么怪病？

　　　　　　　　　　　　　　　　　一头焦虑的非洲象

　　　　　　　　　　　　　来自肯尼亚安博塞利野生动物保护区

　　无法控制的进攻欲望，性欲旺盛，以及对自己的性健康状况的病态焦虑，所有这些对于一头20多岁的大象来说，都属于正常现象，所以没有什么可担心的。这些只是因SINBAD而产生的典型症状，SINBAD也就是单份收入、无子女、极度绝望（Single Income，No Babe，Absolutely Desperate）状态的简称。对于你来说，糟糕的是你的这种状态还要持续20多年。雌象喜欢年纪大一些的雄象。在你长大之前，雌象不会靠近你——她的母亲和姐妹会向附近年长的雄象发出低沉的吼叫求救，叫他们把你赶走。

我不得不说，在很多物种中，雌性喜欢雄性为自己争风吃醋。在进入发情期后，她们会争奇斗艳，想方设法引起其他雄性的注意，然后就闪到一边，看着雄性捉对厮杀，直到产生一个胜利者，然后雌性上前与之交配。以雌性北象海豹（northern elephant seal）为例，只要有雄象海豹爬到她们身上，她们就会大喊大叫，效果立竿见影，海滩上的雄象海豹都会赶过来，连那些正在打瞌睡的雄象海豹都会被吵醒。家鸡的老祖宗缅甸原鸡（Burmese jungle fowl）在下蛋后会响亮地叫上一声。缅甸原鸡的这种举止够奇怪的，因为饥饿的猎食者马上就会知道自己有鸡蛋吃了。其实，缅甸原鸡之所以叫，显然是为了告诉附近的公鸡赶紧打起来，胜利的公鸡就有机会让她的下一个卵受精。根据我的经验，最恶毒的挑拨者是内华达湿木白蚁（拉丁文学名为 *Zootermopsis nevadensis*），这是一种生活在朽木上的白蚁，通常是一雄一雌住在一起，就跟夫妻一样。他们在合适的木头上相遇之后，就会建立一个巢。在最初的阶段，如果雄蚁发现自己并不爱这个伴侣，可能会离家出走。但是，雌性会再招一个雄蚁上门，先前的雄蚁发现后就大不乐意，于是战争爆发了。在两者的较量中，雌蚁会摸摸这个，碰碰那个，于是两者打得更激烈了（在少数情况下，雄蚁会再招一只雌蚁上门，并且煽动两只雌蚁打起来）。最后要提到的是猎豹，据我所知，雌豹虽然不会挑拨她们的追求者互相打斗，但她们若发现正在打架的雄豹，通常会待在旁边观看。但看着看着，她们就会变得欲火中烧，无法自持。

　　不管怎样，雌性的挑拨通常并不会导致尸骨遍野。俗话说得好：留得青山在，不怕没柴烧。如果你知道自己打不赢，肯定就不会打——特别是当你退出角逐，还可能碰到其他的交配对象时，毕竟，天涯何处无芳草！这也正是在只繁殖一次的物种中，斗殴致死的情况也非常罕见的原因。如果一只雄性在到达后发现有其他的雄性已经捷足先登，双方会发生争吵，顶多也就是显示一下自己的力量，而不会往死里打。以二斑叶螨（two-spotted spider mite，又名"棉红蜘蛛"）为例，这种小生物属于农业害虫，他们以植物的细胞为食，用口器刺进每一个细胞，将其中的汁液吸干。尽管他们是螨类，却能够像他们的堂兄蜘蛛一样吐丝。在二斑叶螨中，雄性喜欢追逐快成年的雌性，也就是那些即将经历最后一次蜕皮，然后进入成年期的雌性。雄性会守在雌性的旁边，以便抢得先机。监视中的雄性会坐在雌性身上，用爪子将其罩住。如果有其他雄性过来，在警告之后仍不离去的话，战斗将会爆发。两只雄性挥舞着前爪，相互扭打，并且会吐丝缠住对方的手脚，以便绊倒对方。打斗可能以一方的死亡而告终，但这种情况并不多见。通常，个头儿较小的雄性在战斗还没到如火如荼的地步时，就先撤了。

身材的大小是肉搏胜负的关键。从大蟒蛇到人，身材较大的战斗者总是占有更大的优势，所以身材较小的雄性通常会先打退堂鼓。一般情况下，只有在参加战斗的双方都认为自己会赢的时候，也就是双方体格差距不大的时候，战斗才会异常激烈。因此，许多动物都进化出一套怪异的仪式去评估对手的实力。还记得那些眼睛位于又长又硬的眼柄顶端的柄眼蝇吗？雄蝇通过比较双方视幅的大小来确定对方的实力。如果双方的差距不大，他们就会打起来；如果情况相反的话，视幅较小的雄蝇会不战先逃。所以，你看，由于决斗的结果将关系到究竟谁能得到交配机会，所以雄性的进化趋向是体格越来越大。比如说，雄象与绝大多数的哺乳动物不同，在进入青春期之后，他们的身体仍在生长。在青春期之后，绝大多数的哺乳动物由于骨头已经长合，所以不可能再长个；而雄象是直到中年骨头才会长合，所以，雄象会比雌象的体积大两倍。

影响雄象间打斗的因素还不仅仅是身材的大小。即使是最大、最老的雄象，每年也只在某个特定时候才会处于狂暴状态。对于年轻的雄象来说，发情期的狂暴状态每次只持续几天，但是最老的雄象的狂暴状态则可以持续 4 个月。当一头雄象处于发情狂暴期时，血液中的睾丸激素是正常情况下的 50 倍。所以，正是睾丸激素的增加对雄象的行为产生了很大的影响。

处于发情期的雄象表现出你所抱怨的各种征兆，但还不止这些。他们会不停地摇头扇耳，不断排出刺鼻的尿液——这正是导致你的生殖器变成绿色的原因。发情甚至影响了雄象之间的沟通。绝大多数的大象在互相交谈的时候用的是低频音波，也叫次声。人无法听见这种声音，但几公里之外的大象却可以听见。通常，雄象身体强壮但沉默寡言，他们也只能如此，因为与雌象相比，他们的词汇量少得可怜（实际上，雄象不仅比雌象的词汇量要小，而且雄象和雌象有着完全不同的词汇。所以，即使雄象和雌象之间想展开对同一话题的讨论都办不到。我能理解那种痛苦）。但在发情期，雄象会咕哝个不停，向听力所及范围之内的任何大象表明自己正在受到强烈的欲望以及愤怒的煎熬。处在狂暴期的雄象之间也远比没有处在狂暴期的雄象之间更容易互相挑衅。如果双方体格相当，那么战斗很快就会进入白热化。这对于参战的双方来说，的确是个坏消息。一场你死我活的战斗在非洲炽热的阳光下可以持续几个小时，雄象有可能因此而丧命。战斗中，双方会将大树连根拔起，互相抛掷。如果经过激烈的战斗后，双方都没有倒下，失败的一方只有被迫逃到几英里之外的地方，战争才告结束。这可能正是处在狂暴期的强壮雄象会互相回避的原因。即便是没有发情的强壮雄象，只要看见发情的雄象，他们也会躲得远远的。

亲爱的塔蒂亚娜博士：

我叫罗布，是一只臭虫。我从书上读到，如果我和我的朋友费格斯发生了性关系，随后，在他和萨曼莎做爱时，他会将我先前给他的精液传递给萨曼莎。这是真的吗？

床上的淘气鬼

首先，你并不是真正的臭虫，而是海盗虱，你跟真正的臭虫只是表亲而已，你就不要再装了。至于说到你的问题，听起来你似乎看过太多粗俗的法国文学（说实话，我也读过）。在你这个物种中，你们的生殖器就像注射器，而且在许多与你们相类似的物种中，你们会把你们的生殖器穿过另一雄性的体壁，这样你们的精液就在他的体内游走，最终到达生殖腺。这听起来很有意思，但这跟新闻记者所说的"完美到无法查证"的事实一样，让我困惑不已。对于你的疑问，简单的回答是"没错，很有可能"，但事实真的如此吗？我的怀疑基于两个原因，一个是基于实践上的，另一个是基于理论上的。在实践层面上，这种看法是不可信的，因为这种看法是建立在不充分的数据以及没有经过反复实验论证的基础上的。此外，经过对你们的亲戚欧洲臭虫（European bedbug）所做的实验观察，并没有发现在雄性中有互相注射精液的证据。从理论上来说，你所描绘的情形具有很高的不稳定性，因为任何雄性都有可能抵制这种担当代理人的行为，放弃代理行为的雄性比那些没有放弃代理行为的雄性更具优势，因而抵抗基因会在物种中迅速传播。这种情形在史氏菊海鞘（拉丁文学名为 *Botryllus schlosseri*）中就发生过。

史氏菊海鞘会经历有性和无性两个生殖周期，他们群居在岩石和暗礁上。史氏菊海鞘看起来呈桶状，顶部有两个虹管；在一个史氏菊海鞘的群居地，这些"小桶"是被嵌在一个凝胶状的基质之上的。看看成年期的史氏菊海鞘，你可能压根儿想不到这些生物竟然属于动物，更不用说他们还是脊椎动物的近亲。只有在他们处于幼虫状态时，由于看起来像简化的小蝌蚪，才能确定史氏菊海鞘是动物。当幼虫定居在一块新的岩石上后，就开始无性生殖，从而形成了一组基因完全相同的个体，并且共享一个血液供应系统。

当邻近的史氏菊海鞘群体开始壮大之后，两个群体有可能撞到一起。在这种情况下，他们面临两个选择：或者会师成为一个大群体；或者相互拒绝对方，划定一条边界，双方都不得跨越。如果两个群体融和，厄运就开始了。其中一个群体中某个成员的细胞可以通过共享的血液供应系统四处旅行，侵入另一个群体中所有成员的生殖腺。这是充满敌意的占领行为，因为在有性生殖周期开始后，被占领的群体中的成员排出的精子和卵子就会携带着别人的基因。可以肯定，这将会导致一种避免自己的生殖腺被"劫持"的进化机制的产生。史氏菊海鞘群体对丁与哪个群体合并可谓精挑细选，他们依据一套复杂的系统决定是否合并，而这套系统可以判断两个群体的基因是否相配。只有当双方的基因非常相似的时候，两个群体才会合并。然而，并没有证据表明海盗虱和臭虫之中已经有了防范生殖腺被"劫持"的方法，因此我才敢说这种入侵根本不会发生。

然而，在有些物种中，雄性真的拥有彻底根除对手的可靠方法——使对手断子绝孙。据称，至少有一种棘头虫（拉丁文学名 *Moniliformis dubius*）喜欢干这种卑鄙的事情，这是一种让蟑螂和老鼠饱受折磨的寄生虫，幼虫生活在蟑螂的肠内，当蟑螂被老鼠吃掉后，幼虫就在老鼠的肠子里面长大成年、交配。虽然在这种地方做爱太不浪漫了，但事实就是如此。更重要的一点是，雌虫也同时成熟起来，正如你所知道的，这种情形导致了竞争的加剧。在这里，竞赛不是使用暴力，而是用"胶合剂"毁掉对方的生育能力。在和雌虫交配之后，雄虫会用一种用胶合剂做成的贞操带将雌虫的生殖器封住。研究还发现，即使是在雄性之间，他们也会毫不羞耻地互相在对方的生殖器上抹上胶合剂，以阻止对方的交配行为。是不是因为雄性棘头虫区分不了同性和异性？也许。但有未经完全证实的证据表明，当雄虫给另外一条雄虫抹上胶合剂的时候，并不会把自己的精子给他，所以，他这么做的唯一目的就是让他的对手无法生育。

扰乱策略同样可以解释其他物种中的一些神秘行为。比如非洲蝙蝠臭虫（African bat bedbug），一种靠吸蝙蝠的血存活的大臭虫，雌虫的腹部有一种非常奇特的生殖构造，用来接受精液。该构造完全跟卵子受精的地方隔离。更为奇怪的是，雄虫也有一个同样的生殖构造。可能他们利用这种器官骗取对手的精液，从而让他们的生殖努力毁于一旦。既然可以区分同性和异性的雄性拥有明显的优势，我怀疑这是否真是雄性拥有这一构造的原因。

　　我猜这种扰乱策略可能是因为雄性并不直接射精，而是将其存放在精包里，再四处放置，希望碰巧有雌性经过，或者能劝诱她将精包拾起。在有些物种中，据说雄性会破坏或者吃掉他所遇到的精包；而在另外一些物种中，雄性会在其他雄性的精包上产下自己的精包，从而形成一种精笋（sperm stalagmite）。还有些雄性喜欢在其他正在交配的雄性准备排出精包的时候插上一腿。约旦火蜥蜴（Jordan salamander）——一种看起来跟蜥蜴没什么两样的两栖动物——最喜欢当第三者。在求爱的过程中，雄蜥蜴和雌蜥蜴会先跳上一支舞，雄性在前，雌性在后，骑在雄性的尾巴上，直到他排出精包。但偶尔，其他雄蜥蜴会加入正在求欢的舞者中，蹒跚而行，好像自己就是雌蜥蜴。当第一只雄蜥蜴受骗排出精包后，第二只雄蜥蜴会立即带着新娘离去，留下倒霉的新郎——而且他还得经过好几天才能产生新的精包。不知道是因为约旦火蜥蜴的确太笨，还是因为发生这种情况的概率太低了，通常情况下，雄性约旦火蜥蜴在做爱的时候并不保持高度警惕。

　　亲爱的塔蒂亚娜博士：

　　太失败了！我是一条绝望的三刺鱼（three-spined stickleback）。我在守护我的卵子时，突然听到了一阵嘈杂声。我扭过身去看究竟发生了什么——仅仅一秒钟——在我回过身之后，就发现有人偷走了我所有的卵子。究竟是谁干了这骇人听闻的事情？我怎样才能防止这种事情再度发生呢？

　　　　　　　　　　　　　　　　　　　　想找回卵子的三刺鱼
　　　　　　　　　　　　　　　　　　　　　　　　来自温哥华

　　卵子被偷，这是一个老问题了。你唯一能做的就是保持高度警惕。但麻烦的是，在许多鱼类中，雌鱼喜欢和其他的鱼共用一个巢，一起产卵。她们认为其他的鱼在那里产卵正好证明了它的安全性，拥有这个巢的雄鱼一定很有男子汉气概，一定是个好父亲，不会吃掉自己的宝宝。你可能会想，嗯，虎父一定无犬子。

　　但是在三刺鱼中，存在着买卖鱼卵的黑市。我不是说有面目可憎的家伙偷了鱼卵，然后在湖泊或者溪流的某个角落里卖掉。不是这样的，小偷偷鱼卵是为自己留着，他将鱼卵带回自己的鱼巢，这样他可以假装自己是一个超级爸爸。为什么三刺鱼特别容易受到鱼卵窃贼的袭击呢？我们还不知道确切的原因。可能是因为三刺鱼的鱼卵抢起来方便：与绝大多数的鱼卵不同，三刺鱼的鱼卵相互粘连在一起，形成方便携带的卵块。

　　同样的事情也发生在巴布亚新几内亚和澳大利亚的雨林中。这些森林中的贵族是园丁鸟①（bowerbird），这种鸟和极乐鸟（birds of paradise）是近亲。跟他们的亲戚一样，园丁鸟也是以植物果实为生。由于他们身材较大，所以园丁鸟垄断了所有的果树，而把一些身体较小的鸟赶得不见踪迹。跟每个地方的贵族一样，这些园丁鸟有着很多的闲暇时间，因此，他们形成了一种非常特殊的嗜好，这种嗜好简直堪称艺术。

　　雄性园丁鸟会耗时数周建设、装修精致的"凉亭"。依种类不同，园丁鸟的凉亭也花样繁多，有的凉亭是一片空旷地，地面看似随意地点缀着树叶；有的凉亭呈小屋状，有4米宽；还有的凉亭建成塔状，足有3米高。园丁鸟的凉亭由枝条编织而成，用压碎果实榨出的果汁作为涂料，并且还装饰有花朵、蘑菇、羽毛、蛇皮、蜗牛壳、蝴蝶翅膀、甲虫的脑袋等所有可能吸引艺术家目光的东西。有位科学家的照相机差点儿被一只园丁鸟偷走作为凉亭的装饰物，还有一位科学家差点儿连袜子也被偷走。不同的园

---

① 园丁鸟：一种新几内亚和澳大利亚园丁鸟科的鸟类，其雄鸟常用草、小枝和色彩亮丽的材料建成大而精致的凉亭以吸引雌鸟。

丁鸟追求的艺术风格迥然不同，即使在同一种园丁鸟当中，也有很大差别。所以，在有些地方，花朵是时髦的装饰物，但在邻近地区，甲虫翅膀才是最流行的。此外，装饰物绝对不是如垃圾般被随意堆放，每一件物品都经过了精心挑选、细心布置。如果你闯入一只园丁鸟的凉亭，改变了装饰物的位置，在你走之后，园丁鸟会把每件东西都放回原来的地方。如果你擅自增加了原来没有的装饰物，他肯定会把后来增加的装饰物扔掉。如果你在这些艺术家工作的时候观察他们，你会看到他们在不停地尝试将不同的物品摆在不同的位置上。

他们为什么要这么做？当然是为了给雌鸟留下一个好印象。雌鸟来到凉亭，然后跟主人交配。要想让自己的凉亭看起来比竞争对手的凉亭更具吸引力，其中一个办法就是偷窃和恶意破坏。是的，恐怕园丁鸟之间就是通过这种不公平的竞争手段来达到自己的目的的。偷窃现象非常普遍，如果一个凉亭丢失了什么稀罕物或者时髦的东西，很快就会在另一个凉亭中出现。一些凉亭经常遭到破坏，有的甚至被完全毁掉。破坏者跟偷鸟蛋者或者其他的普通夜贼一样，都是悄悄逼近，利用矮树丛做掩护，蹑手蹑脚，生怕弄出一丁点动静。

更为糟糕的是，这种行为经常获利可观。比如，在你这个物种以及其他物种中，雌性似乎并不在乎雄性究竟是怎么弄回来那一窝卵的，或者为什么只有他有那些奇异的羽毛。她们只喜欢最炫的小伙子。在这些物种中——其实在很多物种中都一样——我认为要想有两把刷子，就不能做乖宝宝。

小伙子们，如果你总想挑起事端，你可能正在经历睾丸激素的活跃期。你一定要保持冷静，不要和你看见的第一个小伙子打斗。最重要的是，不要被他人煽动，为了女人而打架。一定要记住，值得你挑战或者抵抗的情况是非常少的。如果你有任何疑问，可以参考下面的交战原则。

交战原则：

如果对下面两个问题你的答案都是"yes"，你就应该准备决一死战了：

目前，这是你唯一的交配机会吗？

通过战斗，你是否可以和更多的姑娘交配？

如果先决条件不值得你去决一死战，你意思一下就可以撤退了。只有当你认为自己能赢的时候，才应该出手。既然身材大小是决定胜负的关键因素，你就应该永远只和比自己身材小的对手过招。在出手前，一定要记得表现出必胜的气势，比如炫耀你身上的肌肉、挺起胸膛、大声喊叫，用一切手段告诉对手：他想要获胜，没戏！如果你在采取以上步骤之后，发现自己比对手更恐惧，你就应该立即撤退。如果你发现自己总是落荒而逃，也不要绝望，我在下一章中还有秘诀可以帮助你。

第五章　败者如何为王

如果你很穷，该怎么办？如果你很丑，该怎么办？如果你软弱无能，该怎么办？如果你同时很穷、很丑、软弱无能，又该怎么办？没关系，接着往下读……

亲爱的塔蒂亚娜博士：

我是一只海绵虱（sponge louse），最近，我刚打了一架，赢得了一个海绵洞，这个洞里住着一群美丽的姑娘。但我开始怀疑其中一些姑娘也许是小伙子——有几个看起来就像穿上了女人衣服的男人。我是不是得了妄想症？

觉得被蒙蔽了眼睛的海绵虱

来自加州湾

很多男人都跟你有着同样的担忧。事实上，尤利乌斯·恺撒之所以和妻子庞培娅离婚，就是因为他听说她和一个叫普布利乌斯·克洛迪乌斯的年轻人有染。这个年轻人打扮成女人，出席了只有女人才能参加的纪念意大利丰饶女神的庆典。克洛迪乌斯打扮成女人出席宴会是真，和庞培娅有染则是假。但恺撒对庞培娅毫不留情，他强调，"恺撒的妻子在品行上应该是无可挑剔的"。

你比恺撒更有理由去怀疑。一些雄性海绵虱与雌性海绵虱长得极为相像。就拿身体的大小来说，尽管你的身材可能是雌性海绵虱的两倍，但也有些雄虱偏偏和雌虱一样大小。再以他们的尾足（海绵虱、虾、龙虾等甲壳纲动物位于腹股后面的足）为例，尽管你拥有巨大的尾足，使你看起来有着一对弯曲的触角粘在你的后端，但有些雄虱却跟雌虱一样，有着小而秀气的尾足。通过伪装，这些长得像雌虱的雄虱会溜进她们的闺房。雌虱的数目越多，雄虱混进去的可能性就越大。所以，如果你的雌虱数量很大，恐怕的确有些雄虱装成雌虱混迹其间。如果你看仔细了，我肯定你会发现这些"雌虱"。如果有些"雌虱"拥有"小弟弟"，那肯定就是雄虱。

为什么会发生这种情况呢？嗯，正如你知道的，谨慎行事好过鲁莽冒失。在你这个物种中，雌性通常是群居的，因此一个个头儿大一点的雄性不用费什么力气就能保护整个群体；而在有些物种中，雄性拥有一片自己的势力范围，而雌性扮演访客的角色，在这些物种中，个头较小的雄性根本不能指望直接竞争，因为大个儿的雄性会把他们打得落花流水。在这种情况下，个头较小的竞争者通常会采取更为狡猾的伎俩——偷偷摸摸混进去。

这里有很多例证。"趁乱行事"的方法比较常见，尤其是在鱼类当中，有报告称，有120多种鱼会采用这种方法。以大鳍鳞鳃太阳鱼（bluegill sunfish）为例——这是一种生活在北美的淡水鱼类——大个儿的雄鱼保卫着雌鱼会来产卵的地方。然后，雄鱼负责照顾鱼卵和鱼苗。小个儿的雄鱼不仅看起来像雌鱼，而且举止也像雌鱼，并且和雌鱼一样跟大个儿雄鱼调情。当一条真正的雌鱼出现后，假雌鱼也加入了求偶行列，和大个儿雄鱼一起排出自己的精子。同一时刻，甚至更小的雄鱼也会从暗处冲出来。大个儿雄鱼的麻烦就来了，正如同恺撒看见刺客从暗处跳出来就知道大事不好了一样。

　　究竟是什么促使雄性要偷偷摸摸、鬼鬼祟祟呢？原因有很多。在有些物种中，雄性根据环境的变化调整自己的行为。以黑翅蜻蛉为例，雄性保卫着自己位于溪岸的地盘，年老的雄性却无法胜任这项工作，而年轻、充满活力的雄性会把他们赶走。但年老的雄性并没有感到绝望，而是潜入另一个雄性的地盘，在主人忙着打架或者私通的时候，试试自己是否有运气碰上相好的。同样，衰老的鲎[①]（horseshoe crab）从来不会像年轻人一样试着在海里面找女朋友，而是趁着正在海滩上产卵的鲎夫妇排出精子和卵子之时，把自己的精液和它们混在一起。

---

① 鲎是一种肢口纲海生节肢动物，尤指产于北美东部的鲎目亚类或剑尾亚纲，体形人而呈圆形，尾巴尖而坚硬。

还有一种可能，就是雄性的早期发展阶段已经决定了他要成为一个鬼鬼祟祟的家伙。比如，一只雄性在成长的关键时刻，因为环境恶劣，发展出大型武器或者累赘装饰物的基因密码可能中断。毕竟，武器很昂贵。如果你从来没有打算赢取战斗，那我实在看不出你有什么理由要拥有武器。

有一种漠地蜂（拉丁文学名为 *Perdita portalis*）就是如此。有的雄蜂体形巨大、无翼、拥有适合打斗的巨型下颚；有的雄蜂身材轻巧、有翼，但是没有坚固的下颚。小雄蜂究竟会发展成何种外形，取决于他们的母亲给他们多少食物。从母亲那里获取充足食物的小雄蜂就发育成了大个子；如果营养不良，则只能是个"小家伙"。

最后，偷偷摸摸的行为也有可能是由遗传决定的，你的种群就是如此。整个系统非常简单，基本上一个基因有三个变量：α、β 和 γ。每一只海绵虱拥有一对这样的基因，一个来自父亲，一个来自母亲。当一只雄虱拥有来自父母的一对 α 基因变量时，他就是只 α 雄虱；如果一只雄虱拥有一个 β 基因变量，不管另一个属于哪一种变量，他就是一只 β 雄虱，也就是外表像雌性的雄虱；如果一只雄虱拥有一个 γ 基因变量和一个 α 基因变量，或者有两个 γ 基因变量，他就是 γ 雄虱，也就是那些"小家伙"。

雌性海绵虱可不在乎跟谁交配，她们更看重同性间的友谊。因此，当雌虱离开她们生息的海藻区域，游到更浅的水域进行交配和产卵时，会被那些已经有雌虱居住的海绵吸引。由于雌虱喜欢群居，α 雄虱通常找不到雌虱交配或者只能找到少数几只。这也正是 α 雄虱会通过暴力手段获得一个群体的控制权的原因，这种战斗有时候会持续 24 个小时。海绵体腔的入口呈烟囱状，其内的主人 α 雄虱就埋伏在这儿，头朝下，这样他巨大的尾足就能够从上面伸出。在搏杀的过程中，主人试图把入侵者扔出海绵，但入侵者却牢牢地抓住海绵的外层，并且努力把主人从烟囱里拖出来。可以预见的是，如果入侵者的身材比对手高大，那么他获胜的可能性就非常大。

β 雄虱和 γ 雄虱也会被已经有雌虱居住的海绵吸引。如果有 γ 雄虱设法混入海绵内部，你也不要太自责。我知道你已经尽了最大的努力防止他们混入；只要你发现一只，你就会毫不犹豫地将其扔出去。但问题是你头朝下站立，只能凭感觉抓他们，但他们又非常顽强。在历经磨难之后，他们总能躲开你，溜进烟囱。β 雄虱也很让人恼火。他们不仅看起来像雌虱，而且举止也极其雌性化，通过和你调情而得以进入海绵。是的，他们就跟雌海绵虱一样，允许你猛烈地摇晃他们。

为什么你无法早些侦察到 β 雄虱并将其关在门外呢？嗯，β 雄虱是最不寻常的类型，只占整个雄虱比例的 4%（其次是 γ 雄虱，占 15%），所以偶尔接纳几只 β 雄虱还不算特别糟糕。但我记得你问过我，这种情况会不会导致整个种群都被"易装癖"

接管？我觉得不太可能。如果一个类型的雄性相对另外两种类型的雄性占有明显而持续的优势，该类型在整个种群中所占比重将会越来越大，直到另外两种类型完全消失。既然我们现在看到三种类型仍然存在，这就说明在不同的环境中，总有一个类型最具生存实力。

雄性的命运可能依赖于他周围的雄性，有一个惹人瞩目的例子，就是侧斑鬣蜥（side-blotched lizard）——一种生活在美国加州沿海山区地表岩层的小蜥蜴。在这种生物中，雄性也分为三个类型：喉部为橙色、蓝色和黄色三种。有着橙色喉部的雄蜥蜴体形较大，好斗，控制着很大一片地盘；有着蓝色喉部的雄蜥蜴与有着橙色喉部的雄蜥蜴相比，体形要小一些，也不是那么好斗，控制的地盘也要小一些；而有着黄色喉部的雄蜥蜴跟雌蜥蜴一样，既不好斗，也不控制任何地盘。可想而知，每一个类型的雄性蜥蜴都有着各自与雌性打交道的方式。有着橙色喉部的雄蜥蜴属于花花公子类型，他们和自己地盘上的所有雌蜥蜴交配，不仅如此，他们还经常闯入邻居的地盘，和别家的雌性乱搞。有着蓝色喉部的雄蜥蜴则比较专一，他们属于占有型，对自己的配偶总是高度警惕，严加看管。至于有着黄色喉部的雄蜥蜴，正如你猜到的，他们属于鬼鬼祟祟、偷偷摸摸之类，他们趁其他雄性不注意的时候，和他们的伴侣瞎搞。

侧斑鬣蜥的例子说明每种策略都有其优势。总是保持高度警惕的蓝喉雄蜥蜴就很少被黄喉雄蜥蜴戴上绿帽子；但是，蓝喉雄蜥蜴却无法保护他们的伴侣免受更大、更具进攻性的橙喉雄蜥蜴的骚扰；橙喉雄蜥蜴则经常被黄喉雄蜥蜴戴上绿帽子。至于结果，便是无终止的循环状态。如果在某一年里，橙喉雄蜥蜴表现优异，次年则是黄喉雄蜥蜴，再次年则是蓝喉雄蜥蜴——如此循环不止。要想获得成功，你还必须在合适的时间里成为雌性理想的伴侣。

　　亲爱的塔蒂亚娜博士：

　　　　我是一只有着难看尾巴的孔雀，不仅不大，而且上面的眼状斑点看起来竟然像斜视。当我展开尾巴的时候，雌孔雀毫不掩饰她们的冷淡，看都不看我一眼。我怎么做才能给她们留下一个好印象呢？

　　　　　　　　　　　　　　　　　　被忽视的雄孔雀
　　　　　　　　　　　　　　　　　　来自斯里兰卡

　　我的建议是：加入一个帮派。如果只有你一只孔雀肯定势单力薄，所以结成帮派经常可以解决问题。至于加入哪一种帮派？嗯，这就需要根据环境而定了。在由少数雄性控制着地盘、其他雄性只能在其四周游荡的物种中，帮派的组织结构呈松散型，四处游荡的雄性会一起冲进由其他雄性控制的地盘。例如生活在加勒比海的珊瑚丛和暗礁丛中的蓝头濑鱼，年轻的雄鱼有时候会成群结队把控制着某个地盘的大鱼赶走。当一条雌鱼来了之后，那里所有的雄鱼都会和她发生关系。

同样的侵袭行为还经常发生在南方海狮（southern sea lion）群里。在这个物种中，雄海狮的体积是雌海狮的3倍，而且正如他们的名字所暗示的，他们还有威风的鬃毛。体积最大的雄海狮负责保护海滩上的众爱妃，把年轻的小伙子赶走。但是，年轻的雄海狮也不是完全没有希望。有时，最多达到40头的年轻雄海狮会一起冲上海滩，驱散整个海狮群，跟雌海狮交配，甚至拐走她们。在拐走雌海狮的时候，雄海狮用上下颚拽着她，把她拖着走，同时还要努力避开她的营救者，或者干脆坐在她身上以免她逃跑。

但在你说的情况中，这种流氓策略恐怕起不了什么作用。雌孔雀不会呆坐在闺房里，她们是相当独立的。因此，最适合你参加的帮派是拉风队①——一群雄孔雀一起展示自己的风采。

拉风队在你们孔雀当中非常普遍，雌孔雀唯一想从雄孔雀那里得到的就是精子（雌孔雀也会组成拉风队，但这种情况很罕见）。确切地说，拉风队并不是一个雄性可以有效保护食物、筑窝地点或者别的什么东西的防卫组织。相反，雌性拜访拉风队，是为了通过比较找出自己的意中人。挑好之后，她就会和他交配，

---

① 这里原文用了 "lek"，指一些鸟类在繁殖地炫耀求偶。

然后说拜拜。对于女孩来说，这是一个非常不错的制度，因为她可以和自己最爱的那个小伙子发生关系，而且，做完拍拍屁股就走了。

但对于雄性来说，这可有点苛刻。被挑选就意味着你不得不接受比较。所以存在拉风队的物种能创造出地球上最令人瞠目结舌的才艺表演、最大胆的选美竞赛的现象。在表演中，雌性的评判标准是雄性的外表、声音、灵活性或者任何雌性认为性感的东西，而不是雄性的性格或者他带孩子的技巧。在一种 10 厘米长的丽鱼类（拉丁文学名为 *Cyrtocara eucinostomus*）中，雌鱼竟然认为最性感的东西是沙堡。雄鱼用嘴里吐出的沙子造出圆锥形的沙堡，频率为每 15 秒吐一口沙，所以这是一个庞大的工程。最高的沙堡——雌鱼认为沙堡越高越好——需要耗费雄鱼两个星期的时间才能完成，基座几乎就有 1 米宽，是雄鱼身长的 10 倍。在一种产于西非的锤头果蝠（hammerheaded bat）中，由于雌果蝠喜欢引吭高歌的雄果蝠，所以造就了雄果蝠的独特外表。这种雄果蝠的体重之所以是雌果蝠的两倍，就是因为他有一个像马头的脑袋，而喉腔占据了身体的一半以上。在繁殖期，雄果蝠会聚集在一起，每天晚上都会高歌几个小时，到了第二天早上再来一次，以供雌果蝠挑选。

要在拉风队中脱颖而出这么难，为什么我还要建议你加入呢？尤其是你已经说了你不是很出色。我有以下几个理由。

　　第一个是主要原因。在许多有拉风队的物种中，一群雄性比一只雄性对雌性的诱惑力更大，而且拉风队的规模越大，对雌性的吸引力也就越大。既然你不能依靠自己的力量吸引任何雌孔雀，那么你就加入一个帮派，反正这么做也不会造成什么损失（孔雀的拉风队与其他物种的拉风队不同，即使是缺乏魅力的雄性也能参加）。

　　第二个原因基于你的具体情况。如果你能找到你的兄弟或者同父（母）异母（父）兄弟，并且和他们组成一个拉风队，你会更有价值，因为即使你没有得到交配的机会，你也能帮助你的兄弟们吸引到伴侣。我知道，这听起来很不公平。但是，由于你和你的兄弟拥有许多同样的基因，所以你帮助他们也就是帮助了你自己。那么，你怎样才能找到你的兄弟呢？别担心。在孔雀之间，即使是从来没有见过面的兄弟，一见面也能认识。我也不知道这究竟是什么原因。正如许多保密功夫做到家的物种，答案只有孔雀自己知道（至少目前是如此）。

　　一旦你和你的兄弟组成了拉风队，那么你们就遥遥领先于其他拥有拉风队的物种。另外一个也是由自家兄弟一起组成拉风队的物种，是一种名叫黑琴鸡（black grouse，雄鸟有黑色羽毛和白色带斑点的翅膀，雌鸟有棕色条纹的羽毛）的鸟。另一方面，相对于那些由鱼龙混杂的阿飞组成拉风队的物种，你们更是显得高高在上。不信你就随便找一个黑手党成员问问，他会说："无论你是出于什么目的，只有由兄弟组成的帮派才是最可靠的。"狮子是兄弟联手的最著名的例子。雌狮以家族为单位群居，同一胎出生的雌狮一起抚养幼狮。一头雄狮能否成功地抚养狮崽取决于他在某一个特定的雌狮家庭能待多久，取决于和他一起生活的雄狮的数量。狮群联盟越大，他们和同一群雌狮待在一起的时间也就越长。研究证实，超过三头狮子组成的狮群联盟总是由亲戚组成——或者是兄弟，或者是同父（母）异母（父）兄弟，偶尔是堂兄（两头狮子组成的狮群联盟可能是亲戚，也可能不是亲戚；三头狮子组成的狮群联盟不是三个都是亲戚就是两个亲戚加一个外来者）。这意味着，同时出生的兄弟和表兄——无论是小还是大，羸弱还是强壮——以后的产子机会更大。同样的道理，一次产下几头幼崽的雌狮将有更多的孙子辈：儿子越多，将来组成的狮群联盟可能就越大。

很显然，通过进化，雌狮看来已经能够做到这一点。没错，她们似乎能提高儿子们找到伙伴的概率。对狮子出生记录的分析，显示了两个重要的模式：第一个模式就是，当雌狮一胎产下好几头狮崽时，一般是公崽多于母崽；第二个模式就是，当一个狮群中的几头雌狮同时生产的时候，公崽的比例相当高。雌狮是怎么做到同时生产的呢？还记得前文提到的吗？当一群雄狮控制了狮群之后，他们做的第一件事就是杀死或者撵走所有的幼崽，这就使得所有的雌狮重新开始发情。因此，所有的雌狮几乎都在同一时间怀孕，几乎在同一时间生产，因此产下一大群幼崽（在这群雄狮的任期内，雌狮的生产时间就不会那么一致了）。可以肯定的是，雌狮在狮群的权力发生更迭后生下的第一胎倾向为公崽，而不是母崽。她们究竟是怎么做到这一点的，目前还不得而知。

所以，我的"斜眼"朋友，如果你老妈能学学狮子，你也就不会即使开屏也无功而返了。

亲爱的塔蒂亚娜博士：

夫人，我是一只野蟋蟀，有件事可把我气坏了。我一直在唱歌，不停地唱，却连一个姑娘都没有看到。我最后一次见到的那个姑娘跟着一个一直躲在灌木丛中偷懒的家伙走了，丢下我和几只嗡嗡的苍蝇做伴。难道我做错了什么吗？

一只怒不可遏的蟋蟀
来自美国得克萨斯州

有一个臭名昭著的战略是："让其他的家伙埋单，我和姑娘回家。"而你正是这个战略中的那个倒霉蛋。我肯定，每个人都认识会耍这种手腕的家伙，我就知道这样的人。但问题是，有些物种中的雄性会向任何一个路过的雌性表露自己的行踪，这是最为严重的。当这些雄性忙着表演的时候，其他的雄性已经埋伏好了。在一些加勒比海甲胄虾（外形似四季豆）中，雄虾在暮色降临之后，便在水里上下浮动，释放出性感的光。他们是怎样发光的呢？原来，他们能够分泌一种化学物质，这种物质和水发生化学反应就能发出光。当雄虾游泳的时候，他身后会留下一道光迹。如果你一网撒下去，你会发现许多雄虾上下跳动，但并不发光，这么做大概是为了拦截被发光雄虾的信号所吸引的雌虾。

这种寄生行为显然是一种策略，成功与否取决于寄生者和表演者的相对数量。他们不可能全部去做寄生者，必须有谁为了晚餐而歌唱。无论如何，假如保持沉默没有好处——雌性一般喜欢会唱歌的，而不喜欢偷偷躲在一旁的雄性——那为什么不是所有的雄性都去唱歌呢？

有这样几个原因。以牛蛙为例，潜伏是一种必需的行为，别无选择。牛蛙在池塘里交配，最大的雄蛙在自己的地盘上放声高歌。如果出现了入侵者，他们就会与之搏斗。如果他们赢了，就会把入侵者踩在水里面几分钟，给他点儿苦头尝尝（为什么雄蛙不把入侵者淹死呢？没人知道。也许，他们只是不希望腐烂的尸体弄脏了池塘）。既然身材的大小在搏斗中起着关键作用，所有的小个头儿也就很难赢得胜利。所以，他们保持着低姿态，躲在角落里，只把头伸出水面，随时准备给那些去拜访大雄蛙的雌蛙一个意外。但你们这种野蟋蟀保持沉默的原因却不尽相同，重点就在于你在信中提到的那些苍蝇。

雌性野蟋蟀十分中意那些会唱歌的雄蟋蟀。但不幸的是，中意他们的还有另外一种雌性：寄生蝇（parasitic fly）。这种昆虫在雄蟋蟀身体上存放自己的幼虫，幼虫会钻进雄蟋蟀的身体内部，然后吃掉他的肉。一个星期后，雄蟋蟀就会死亡。一只蟋蟀究竟会成为一个歌手还是一个潜伏者，基因起着很大的作用——有些雄蟋蟀天生就不喜欢唱歌。但是，潜伏者是否能比歌手的繁殖机会更多，则取决于寄生蝇的多寡。在寄生蝇多的年份，潜伏者会得到更多的交配机会，因此他们的基因就能得到更广泛的传播；在寄生蝇少的年份，因为歌手得到更多的交配机会，所以就轮到他们的基因得到更广泛的传播了。

这个世界就是这样肮脏且残忍。缨唇蝠（Fringe-lipped bat）专门猎杀会叫的青蛙。蝙蝠对他们的猎物很熟悉，知道哪种有毒，哪种味道鲜美，哪种太大，处理起来比较费劲，哪种身材刚刚好。小蓝鹭（little blue heron）捕食唱歌的雄蟋蟀。地中海壁虎（Mediterranean house gecko）喜欢静静地坐在雄性长翅灶蟋（拉丁文学名为 *Gryllodes supplicans*）的洞门口，等待那些上门听歌的雌蟋蟀。类似的例子还有很多。

更糟糕的是，有些捕食者不仅能够利用这些交配信号，还能模仿这些信号。比如链球蜘蛛（bolas spider），堪称变色龙。成年雌蜘蛛懒于运动，体态臃肿，身上的颜色能让你想起鸟屎。雌蜘蛛拥有一种独特的捕食技巧——通过挥舞套索捕杀猎物。在套索的一头有一个黏糊糊的球状物，蜘蛛用她的一只前腿向路过的昆虫挥舞套索。在有些物种中，蜘蛛甚至将套索投掷出去套在猎物的头上，就跟我们在美国西部片里看到的那样。她们又是怎样把猎物引入自己的攻击范围之内的呢？在捕杀猎物的时候，她们会发出一种雌蛾的味道。那些雄蛾在闻到之后，会飞过来一看究竟。可怜的家伙！如果被抓住了，他们就会一直被蛛丝裹住，还被一根黏线吊着，蜘蛛想吃的时候再吃他们。（蜘蛛的种类不同，发出的味道不同，因而吸引的蛾的种类也不相同。）

需要注意的是，未成年的和雄性的链球蜘蛛也是通过发出雌蛾的味道来捕食的。但巧合的是，他们发出的是雌性蛾蚋（moth fly）的味道，这种昆虫长得像缩小版的蛾子。为什么成年雄链球蜘蛛的捕食方式会和未成年链球蜘蛛的捕食方式一样呢？这是因为雄性在孵化出来后，就没怎么长个儿（因此，他们比配偶的体形要小很多）。雄蛛和未成年蛛不是用链球套索（因为他们个头儿太小了，用起来不利索），而是用自己的前肢来捕食。

偶尔，猎物也会反扑。以一种拉丁文学名为 *Oxybelus exclamans* 的挖穴黄蜂为例。这种黄蜂的蜂巢经常被一种食肉蝇占据，其将卵产在蜂巢的蜂房里。在幼蝇孵化出来之后，他们会吃掉所有黄蜂为自己的孩子准备的食物。雄性食肉蝇就在蜂巢附近来回游荡，希望能碰上雌蝇。如果他们稍不留神，就会被黄蜂掠去作为小黄蜂的食物。

至于你的问题，如果你再碰到那些苍蝇，我建议你得去看医生。你可能需要动一次大手术。

亲爱的塔蒂亚娜博士：

　　我是一只海鬣蜥（marine iguana），今天，我被一群年轻海鬣蜥的行为吓坏了：不断有成群的海鬣蜥对着我自慰。这太恶心了！我敢肯定，在达尔文时代，他们可不敢在光天化日之下做这种不要脸的下流动作。我怎样才能让他们住手呢？

被恶心坏了的海鬣蜥

来自加拉帕戈斯群岛

　　我收到过很多年轻雄性海鬣蜥的来信，他们抱怨雌性对他们视而不见，但这还是我第一次收到雌性海鬣蜥的抱怨。我们先从雄性的观点来看看这个问题。他们有着漂亮的红肤色，脊突从头顶到尾巴一共 20 厘米长。他们已经急不可耐地要去赴约，急切地要使用自己的两根阴茎（没错，跟很多爬行动物一样，海鬣蜥有一左一右两根阴茎）。由于年轻，他们的体形娇小，因此没有很多交配的机会。不是说雌性只喜欢成熟、体形大一些的雄性，而是因为当他们爬到雌性身上后，在还没达到高潮之前，就会被那些大个头儿的雄性推到一边。这正是雄性在看到有雌性经过的时候就要自慰的原因。自慰缩短了他们在性爱过程中射精所需的时间，从而降低了在高潮之前被他人打断的风险。所以，我认为这种自慰行为会长期存在下去。那些自慰的海鬣蜥会比不自慰的海鬣蜥拥有更多的后代。

还有其他的动物也自慰吗？当然有。许多灵长类动物，无论雌雄，都经常自慰。以生活在西非的白颈白眉猴（拉丁文学名为 *Cercocebus torquatus*）为例，这种烟灰色的猴子有着长长的尾巴，脸颊上长有许多胡须。在交配的过程中，母猴会用手刺激自己。雌雄红毛猩猩还会把树叶或小树枝当成性玩具刺激自己。曾经有一只家养的雌性黑猩猩，竟然对着《花花女郎》杂志上的裸男照片自慰，特别是杂志中间的大幅插页。还有一些哺乳类动物也会自慰。雄性马鹿（red deer）要自慰时，会用鹿茸摩擦草丛，从开始到射精，整个过程只需要 15 秒钟。在发情期，有些成年雄鹿一天要自慰好几次。而这些动物之所以自慰，是不是跟海鬣蜥一样担心在交配的时候被打断？坦率地说，我们对这方面的研究还真不多。但对与之相关的大睾丸，科学家已经有了相当深入的研究。

大睾丸现象是小个头儿雄性让卵子增加受精机会的常见方式。逻辑非常简单。在那些小个头儿雄性只能偷偷摸摸交配的种群中，他们在精子竞赛中处于劣势。正如你所知道的，精子竞赛就像买彩票，你买得越多，中奖的机会就越大。因此，这些小个头儿雄性会将更多的身体资源投入到精子的制造中——这就好比买了更多的彩票，这样，在他们交配的时候，成功的机会也就更大。而那些大个头儿的雄性只要能守护好雌性，就根本不需要什么更多的彩票或者如此大的装备。

这也正是人类的身高和私处的大小之间没有必然关联的原因：体形威猛的男人不见得一定有更大的生殖器。实际上，多数情况是正好相反。加州唱歌鱼（California singing fish，也叫 plainfin midshipman fish）将这种情形发挥到了极致。雄鱼不是有着巨大的脑袋，就是有着巨大的睾丸。大脑袋的雄鱼在潮水中间地带的岩石下面挖出一个洞穴状的巢。在巢穴挖好之后，他就会哼哼唧唧地吸引雌鱼。每次哼唧的时间可以持续 15 分钟，因此，他发音部位的肌肉非常发达，还有专门的神经控制这块肌肉。在雌鱼到达之后，她会慢慢地在鱼巢顶部产卵。与此同时，雄鱼在她身边每隔几分钟就不停颤抖，这是他正在排精的标志。在雌鱼产完卵——时间可能长达 20 个小时——之后，雄鱼会把她踹出自己的鱼巢，保护这些受精卵，并且继续唱个不停以吸引其他雌鱼。

另外一种雄鱼——就是那些有着巨大睾丸的雄鱼——在这个关键的时刻，正偷偷摸摸地躲藏在大脑袋雄鱼的鱼巢附近。这些家伙不能发出哼哼唧唧的声音，他们先天就缺乏这种本领，他们顶多就会呼噜呼噜叫几声。乖乖！但他们身上可挂着大玩意儿。从体重比例上看，这种雄鱼的生殖腺重量是那种大脑袋雄鱼生殖腺重量的 9 倍。由于生殖腺太大，这种雄鱼的肚子看起来鼓鼓囊囊，跟怀孕了似的。难怪他们只会发出呼噜呼噜的声音。

　　但是，你们这些头脑发达的雄鱼也别太得意。只有在那些突袭者不多的时候，你们才会平安无事。如果突袭者很多的话，你们就会面临很大的精子竞赛风险，所以你们需要在产精能力上多下些功夫了。因此，你们也需要更大的睾丸。我们再来看看两种金龟子科昆虫：双型蜣螂（拉丁文学名为 *Onthophagus binodis*）和牛角蜣螂（拉丁文学名为 *Onthophagus taurus*）。这是澳大利亚从世界其他地区引进的 10 种金龟子科昆虫中的两种。澳大利亚本来并没有奶牛，后来，人们从其他地方引进奶牛之后，奶牛拉屎的能力超过了澳大利亚本土那些吃屎昆虫的消化能力。因此，牧场上堆积了大量的牛粪。为了解决这个问题，以上两种在处置牛粪方面颇有天赋的金龟子科昆虫被引进澳大利亚。也就是说，在世界其他地方捕捉到这两种金龟子科昆虫，经过检疫——昆虫进口也需要进行检疫——之后，再把他们放入澳大利亚的自然环境中。

　　还是不要把话题扯远了。双型蜣螂和牛角蜣螂有着相似的生物结构——这一点已经为生物学家所熟知。雄虫也分为两种体形：一种是大个儿的雄虫，带有触角；一种是小个儿的雄虫，不带触角（大个儿的雄性双型蜣螂在背部有一个触角，而大个儿的牛角蜣螂却有两个触角——正如他们的名字所暗示的）。在粪堆旁，雄虫和雌虫相遇，雌虫在和一只大个儿雄虫配成对儿之后，会起去挖洞，在挖洞的过程中，会时不时地停下来交配（对于金龟子科昆虫的交配行为，我们几乎毫无了解。但我们知道，雄性双型蜣螂会用他的两对前爪抚摸雌性，然后爬到雌性的背上，在用前爪拍打雌性背部的同时，射出精液）。通常，蜣螂的洞穴是从中间的走廊分出几个通道，在每个通道的尽头，他们都会储存大量的牛粪。雌性将卵排在粪便上，然后用泥土将通道封死。尽管雄性会给雌性很多帮助，如帮她收集粪便等等，但他一般不愿意离开洞口。这种态度非常明智，因为那些小个儿的雄性会趁大个儿的雄性懈于防备或者去交配的时候冲进洞穴。有时候，小个儿的雄性甚至会挖洞进入洞穴，破墙而入。

潜入攻击的威胁对于牛角蜣螂来说要比双型蜣螂严重得多。在双型蜣螂中，会发动偷袭的小个儿雄性只占雄性总数的三分之一，所以，大个儿雄性被戴绿帽子的风险要小很多。还可以肯定的是，在双型蜣螂中，小个儿雄性在排精方面比大个儿雄性强很多，他们的精子不仅个头更大，而且数量更多。相比之下，几乎三分之二的雄性牛角蜣螂都是偷袭者。因此，在这个物种中，就睾丸大小而言，体形大小不同的蜣螂在生殖成功方面不分胜负。

最后的结束语送给所有担心自己的生殖器太小或者让异性没有兴趣的小伙子们（姑娘们也请注意了）。在许多物种中，雄性被分为不同的类型。他们的身体特征和性格特点有关，也就是说，根据一个小伙子的外貌，你可以判断出他的为人。类型的多寡因族群而异。但以下两种类别是最普通的划分标准：大块头和小个子。

大块头总以为自己是万能的神：他们非常自负，喜欢惹是生非、打架斗殴，把大量的时间花在臭美上。通常，他们都有很多女朋友，但经常担心女朋友会送他绿帽子。尽管他们长得都很英俊，但是，唉，也许他们的私处都乏善可陈。

小个子跟其他雄性在一起的时候，总是显得貌不惊人。他们不喜欢打斗，却喜欢追逐异性。小个子不可信，因为他们对雌性从来不负责任，甚至还会欺骗自己最好的朋友，而且不以为耻。事实上，尽管他们体态弱小，却经常拥有一个惊人的私处。小个子更偏爱性事而非战事。

第二部分

堕落的演化

————————————————————

　　战争必然伴随着暴行，两性之战也不例外。她对他的爱越深，结局就越残忍。

————————————————————

第六章　怎样和同类相食的动物做爱

切记：不要在前戏阶段就被对方吃掉。

亲爱的塔蒂亚娜博士：

　　我是一只欧洲螳螂（European praying mantis），我发现，在交配的时候，如果首先就把伴侣的脑袋给一口咬下来，我会觉得更爽。这是因为在我弄掉对方脑袋的时候，对方的身体会兴奋得抖动不已，而且少了一份羞涩，多了一份急不可耐——那种感觉妙极了。你也注意到这一点了吗？

　　　　　　　　　　　　　　喜欢跟无头伴侣交配的欧洲螳螂

　　　　　　　　　　　　　　来自里斯本

　　我有些好朋友也是食"人"族，至于我，倒是对嗜食同类没什么兴趣，但我能明白你为什么喜欢这种交配方式。在你这个物种中，雄性可谓乏味至极。砍掉他们的脑袋的确惹人遐思：想想被砍掉脑袋的鸡到处乱窜的那股疯狂劲儿吧，被砍掉脑袋的雄螳螂做起爱来也一定够疯狂的。为什么他们在身体完整的时候就不能那么卖力表现呢？嗯，如果在做爱的时候还保持着清醒的头脑，就不可能拥有狂野的性爱。

雄螳螂在靠近你或者离开你的时候最容易遭到你的袭击，但是当他们骑在你背上的时候——这是脑袋完好无损的雄螳螂的交配方式——你对他们就奈何不得，只能听其摆布。不过，你并不一定非得和身体完好无损的雄螳螂发生性关系。如果你在他们靠近你的时候就将他们的脑袋给咬下来，由于他们的身体会不停抽搐，所以他们的性器仍然可以和你的性器结合在一起。但很显然，他们并不想脑袋搬家。如果把你换成他，你也会不寒而栗的。当雄螳螂看见一只雌螳螂的时候，会吓得一动不动。当她把头侧过去的时候，雄螳螂会跟老太太走路一样，蹑手蹑脚地爬过去；但是当她把头转过来的时候，雄螳螂又会一动不动地像个雕塑——别，别，别，千万不要看我，我只是一片树叶而已——就这样一动不动，有时同一姿势得保持好几个小时。雄螳螂这么做的目的是什么？就是为了一步步靠近雌螳螂，然后跃上她的背。一旦骑在她上面，就可以无忧无虑地享受性爱的快感了；但只要迈错一步，雄螳螂就得提着脑袋到阎王那里报到了。如果行动像老太太般蹑手蹑脚，雄螳螂掉脑袋的风险就大为降低了。

我们已经发现，还有 80 多种雌性动物会在交配前、交配中或者交配后吃掉自己的伴侣。其中，除了蜘蛛是最常见的凶手以外，还有几种螳螂、蝎子和某些蠓（midge，一种身材很小但胃口奇大的蝇类）也在罪犯名单中。蠓更是以一种极其恐怖的方式杀死自己的爱侣。雌蠓在抓住雄蠓之后，会熟练地把自己的喙伸入他的头部。她用自己的口水把雄蠓的内脏调理成汤，然后大快朵颐、啜饮而尽，直到雄蠓变成一个空壳，然后雌蠓就像一个把没意思的玩具随手扔在一边的孩子，将雄蠓的空壳丢弃。只有脱落在她体内的男根，才泄露出这不是一顿普通的大餐。

不过，对于同类相食的行为，存在一种无罪辩护。也许是无心的失误，也许只是因生命被囚禁而导致的一种罕见的精神错乱行为。毕竟，在同类相食的物种中，只有大约三分之一的比例会在实验室中发生这种行为。有可能是因为实验室里面的笼子太小，雄性无法逃跑、无法躲藏。这只是一种推测而已。但欧洲螳螂是少数几种不仅在野生状态下，而且在实验室中也会残食同类的动物之一。在两种状态下，其残食行为毫无二致。唯一的不同就是，在实验室中，欧洲雄螳螂因为惊吓过度，不敢从雌螳螂身上下来，因而交配会持续数小时（在野生环境下，雄螳螂在完事后，就会逃进树丛中躲起来。而实验室里通常没有准备树丛，所以雄螳螂只得继续趴在雌螳螂身上，就像正在盘算如何摆脱困境一般）。至于"我是无意中吃掉爱人的"这种说法，嗯，我不能说这个世界上不存在意外。但是，我知道有几种雌蜘蛛，毫无疑问是有意要取对方性命，而不是委身于对方。当雌蜘蛛看见一只雄蜘蛛，就会向他招手，并摆出一副"我属于你"的姿势，在雄蜘蛛大喊

"你这个同类残食者"之前，雌蜘蛛会突然扑上去，将其捆绑结实，然后把他藏在自己的"厨房"中。

但问题是，雄性经常在获得交配的机会之前，就被雌性吃掉了。站在他的角度来说，这真是一场灾难。如果他是在交配的前戏过程中被吃掉的话，那就意味着他的基因在他的物种中被自然淘汰了。但如果站在她的角度来看呢？这种残食同类的行为并不是你所认为的弄巧成拙。对于许多生物来说，雄性就代表着一顿丰盛的大餐。比如说雌性园蛛（garden spider），在消化完一只雄蜘蛛后，身体会变得更丰满。她面临的唯一风险就是，由于她对自己的求爱者太具攻击性，因而有可能从生到死都只能做一个性情乖戾的老处女。当然，这种风险是可以忽略不计的。

要想知道原因，就让我们回过头去，关注一下雌性通常在交配前就把雄性吃掉是什么样的情况吧。首先，让我们假设有这样一个地方，那里所有的雌性都是饕餮之徒。然后，我们再假设一个雌性一生只遇见一个雄性。如果每个雌性都一口吃掉这个唯一的求爱者，而不是和他交配的话，那么所有"人"都将断子绝孙：没有谁有机会繁育后代，该物种将会彻底灭绝。但是，如果有些雄性设法逃脱，或者至少完成了交配之后才死去，那又是怎样一种结果呢？跟那些倒霉蛋相比，那些能够幸运逃脱的雄性无疑具有很大的优势。如果逃脱诡计拥有基因基础，那么这种逃脱基因将会得以传播。最终，下一代的雄性只能是那些幸运逃脱者的后代，即使雌性贪吃无厌，也还有交配的机会。

我们知道，在现实生活中，有些雌性并不是那么暴戾。这就使事情变得复杂了。那些不会吃掉自己配偶的雌性，也就不用冒终身当个老姑娘的风险了。假设仍然是每个雌性只有一个求爱者，那些更善良、更温柔的雌性终将在物种中占据优势。这是因为，只要在该物种中存在着不喜欢残食同类的雌性，总会有一个幸运的雄性可以遇见她并与之交配，即使他没有逃脱基因。因此，成功逃脱者的优势将会变小，逃脱基因也会传播得更慢。而那些残忍的雌性将有更多机会碰到那些无法逃脱的雄性。如果吃掉了自己唯一的求爱者，残忍的雌性将没有后代，因而导致贪婪好吃的基因最终消失。

现在，再把另外一种现实因素纳入考虑的范围，假设每个雌性有可能遇见很多雄性，情况将会怎样呢？在这种情况下，即使雌性吃掉了绝大部分的雄性，也没有关系。事实上，如果你不这么做的话，其他雌性可就要为难你了。这是因为，如果其他雌性都试图把自己的爱人抓住并吃掉，这种行为就成了一种标准。在残食同类的文化中，你的后代只有逃脱其他雌性的捕食，才能生存下去并繁殖后代。所以，必须看他的父亲是否具有逃脱能力。同时，那些能够逃脱的雄性与那些无法逃脱的雄性相比，将再次拥有优势，逃脱基因将会传播开去。

总而言之，吃掉自己配偶的雌性越多，逃脱者的优势就越大，而整个种群也将以更快的速度由那些了不起的逃脱者构成。那么，在绝大多数情况下，你看见的都将是逃脱者，而不是自相残杀者。

但是，一个雄性怎样才能尽可能地接近雌性，成功交配，同时又避免被捉呢？学着老太太蹑手蹑脚是一个办法，但是，这个办法在蜘蛛网上不适用，因为你在网上再怎么轻手轻脚也无法避免发出拨弦声，而网主很容易就能判断出你的方位。相对于雄性欧洲螳螂总能够趴到雌螳螂身上，蜘蛛的性行为中存在的危险更大。一只雄蜘蛛拥有两个须肢①，分别长在蜘蛛嘴部的两边。在雌蜘蛛的下腹部，有两个生殖器开口——所以，雌雄蜘蛛如果靠得不够近的话，他们之间压根儿无法完成交媾。

雄性若要安全逃脱，最可靠的办法是设法使雌性失去战斗力。这也正是雄性直伸肖蛸（一种蜘蛛，拉丁文学名为 *Tetragnatha extensa*）对交配毫不畏惧的原因：在他们相互拥抱的时候，雄蜘蛛尖牙上的距（spur）会揳入雌蜘蛛的下颚，使其无法乱咬。雄性冠花蟹蛛（拉丁文学名为 *Xysticus cristatus*）简直是大情圣：他们喜欢玩捆绑游戏，在交配前，要将雌性蟹蛛绑起来（祝她们好运）。珠链寄居姬蛛（拉丁文学名为 *Argyrodes zonatus*）是一种银色的小蜘蛛，居住在一些大蜘蛛的蜘蛛网上。这种蜘蛛中的雄

---

① 须肢：指靠近蜘蛛或其他蜘蛛纲动物嘴部第二对附属器官的一种用于生殖、捕食或感觉的器官。

性天生就知道怎样对付雌性。在雄蜘蛛的头顶有一个触角，可以分泌一种强效麻醉剂。他们在交配前让雌蜘蛛吮吸自己的触角，雌蜘蛛因为极度的快感而无法抵抗雄蜘蛛的进攻。但雄蜘蛛最好还是期盼雌蜘蛛别在交配的时候因为药效不足而清醒过来。

至于螳螂先生，可没有这么走运了。在他还拥有自己脑袋的时候，他的大脑将信息传达给自己的私处，指示他如何行动，他的性冲动因此受到控制，直到身体姿势到位。但在他失去脑袋之后，压制性行为的信息传输被迫中断，于是他变得极其狂野，从而导致他即使身体所剩无几，仍能继续交配。尽管这听起来好像证明了雄螳螂已经通过进化适应了被雌螳螂吃掉的现象，但这其实反映了"掉脑袋，享受性爱"在雄性昆虫中是一种普遍存在的现象。甚至在人类身上，也有类似的情形发生：在掐住男人的脖子时，他很可能会有反应，这不是因为死亡给他带来快感，而是因为大脑发出的"别硬，孩子"的指令中断了。对于大多数男人来说，这仅仅是医学上的奇妙发现，大部分的男人在卧室里是不必面对"螳螂夫人"的。

亲爱的塔蒂亚娜博士：

　　我是一只澳洲赤背蜘蛛（Australian redback spider），是一个失败者。我对自己的心上人说"把我的身体拿去吃了吧"，并且把自己送到她的嘴里。但她却把我吐了出来，并且让我滚蛋。她为什么对我的献身无动于衷呢？

一只凄惨的赤背蜘蛛

来自荒野

还有比这更荒谬的事吗？一个众所周知的嗜食同类者竟然拒绝吃掉一个送上门的同类。毋庸多说，不仅你的问题非同寻常，你自己也很怪异。当和一个嗜食同类者交配的时候，绝大多数雄性都不希望自己看起来太好吃，而你倒好，心甘情愿送进人家嘴里。

首先，尽管在交配之后被吃掉比在交配前就被吃掉要好，但绝大多数动物根本不希望自己被吃掉。这很容易理解，因为死亡意味着爱情冒险的终结。任何虫子只要还有机会再次交配，都应该撒腿就跑——不要说一些无用的甜言蜜语，也不要事后抽烟。如果她在后面追你，你一定要揍她一拳，阻止她。有一种沙蝎（拉丁文学名为 *Paruroctonus mesaensis*），雄蝎子在逃跑前会把伴侣猛揍几下；在拉比达狼蛛①（拉丁文学名为 *Lycosa rabida*）这个物种中，雄蜘蛛在匆忙离开之前，会将他的伴侣抛到空中，然后仓皇而逃。

---

① 拉比达狼蛛：一种狼蛛科蜘蛛，在地上潜近捕食猎物且不织网，尤指南欧海岸和森林里一种常见的小型蜘蛛。狼蛛属塔兰托毒蛛。

　　但是，如果你无望再进行交配的话，情况又会怎样呢？在有些情况下，不能再次交配的可能性的确存在。例如，你天生只能交配一次，或者你的生命非常短暂，或者你对另一位异性的追求注定要失败。在这种情况下，只要你完成了自己的使命，对于你的爱侣要吃掉你就不应该有什么怨言。以长圆金蛛（拉丁文学名为 *Argiope aemula*）为例，雄性蜘蛛在交配之前会顽强抵抗，不让雌性蜘蛛吃掉，但在交配完成后，则会放弃抵抗。对于他来说，成为雌性蜘蛛的美食也没什么不好。在一种环节虫（拉丁文学名为 *Nereis caudata*）中，也有类似的情形，唯一的不同是由雄虫吃掉雌虫。这种虫子长得像洗瓶子的刷子，生活在海底的泥沙中。一旦雌虫完成了排卵的工作，雄虫就会把虫卵放进一个他事先挖好的长洞中，然后完成受精过程。他精心照管这些虫卵，就像护卫珍宝的龙，直到把他们都孵化出来。在雌虫产卵后不久，她就做好了放弃生命的打算。如果她的伴侣决定——他经常就是这么决定的——把她作为一顿午餐，她也就由着他。生命对她来说，就是如此。

　　还有什么物种的雄性会吃掉自己的配偶吗？我还没听说过。但请注意，这并不是说雄性就不吃雌性。他们会这么做的，但不是在交配的过程中。从猿到变形虫（amoebae），他们都被柏拉图式的同类相食（Platonic cannibalism，指与性欲无关的同类相食行为）所困扰。这叫真是一种堕落。比如沙鲨（sand shark）在子宫内就开始互相残杀。没错，个头儿最大的胎儿会把还处于胚胎状态的兄弟姐妹吞食掉。你一定知道这首诗：

> 鲨鱼，凶残的畜生，
>
> 在每一场盛宴上尽享鱼儿的美味。
>
> 不要对他的所作所为感到奇怪，
>
> 因为，
>
> 他还在母亲的子宫里时，
>
> 就已经吃掉了自己的兄弟姐妹！

柏拉图式的同类相食现象比性行为中的同类相食现象要普遍。原因其实很简单——同类相食行为存在一定风险，你的猎杀目标随时有可能打败你。因此，绝大多数的同类相食动物都是懦夫，从来不会把那些和自己身材大小差不多的同类作为攻击目标。在一个典型的同类相食的社会中，一般都是成年动物吃未成年动物，大个儿的未成年动物吃小个儿的未成年动物，小个儿的未成年动物就吃卵。甚至在变形虫中，吃掉同类的也都是巨人。所以，你看，无论与性有关还是无关，成年动物之间的互相残食现象都是十分罕见的。

此外，对于大多数雄性来说，吃掉他们的伴侣毫无意义，这样做他们会失去费了好大劲儿才授精的卵子。这也正是雄性鳍脚蟹（拉丁文学名为 Ovalipes catharus）都是彬彬有礼的绅士的原因。在这个物种中，无论雌雄，在他们蜕皮的时候，都有可能成为另一个同类的猎物。个中原因仍然是懦夫法则：正在蜕皮的螃蟹无法自卫。在蜕皮的那几天里，他们既没有可以用于防御的甲壳，也没有可以打击袭击者的双螯。

但不幸的是，雌鳍脚蟹只有在蜕皮的时候才能交配，这也是蟹类的一种普遍法则。在这个时候，她们很容易受到同类猎食者的攻击。但天无绝人之路。雄螃蟹一旦遇到将要蜕皮的雌螃蟹，就会和她调情，然后驮着她直到她的外壳软化。随后，他会非常缓慢地与她做爱——有时候需要几天时间才能完成交配——并且保护着她免受那些动机不纯的雄性的骚扰，直到她的外壳重新变硬，可以自己照顾自己为止。实际上，雄螃蟹这种倾情护花的行为并不是出于什么无私的动机。雄螃蟹在保护雌螃蟹不被其他螃蟹吃掉的同时，也防止了其他雄螃蟹对雌螃蟹的蹂躏，从而增加了自己成为雌螃蟹目前一窝孩子的唯一父亲的机会。这笔交易非常值，因为一只体积较大的雌螃蟹每次的产卵数超过了 25 万枚。

既然雄性通常不会吃掉他们的爱人，那么雌雄同体的动物又会是怎样一种情形呢？对此，我们几乎一无所知。尽管许多雌雄同体的动物都是柏拉图式的同类相食者，但有时候我仍然能够想象，当两只雌雄同体的动物相遇的时候，一只想行周公之礼，另一只却在盘算着把对方吃掉的有趣景象。双方都不希望自己被对方吃掉，但如果这种麻烦成为一种普遍现象，才真正让人感到惊讶。我猜，只要与性有关的同类相食存在着风险，应对措施一定会很快进化出来。比如说，假设当你和体积比你大的同类交配时最容易受到攻击，那么你可能就会对体积比你大的同类产生一种恐惧感。这可以解释雌雄同体的管鞭海蛞蝓[①]（拉丁文学名为 *Hermissenda crassicornis*）的交配过程为何如同闪电般迅疾。"蛞蝓"这个词很难传达出这种动物的超凡美丽。这种动物身长不足2厘米，看起来像是陆上的蛞蝓中了魔法，坠入了大海中：精致、透明的身体呈淡蓝色，从头部开始往下是迷人的橙黄色条纹；再往下，则是漂亮的柔软毛状突起，仿佛穿着一件狐尾大衣。但在交配的时候，这种动物可就不那么温文尔雅了。如同骑士之间的决斗，双方擦肩而过，不作停留，用长矛奋力向对方刺去。这种行为令人费解，我们仍然不清楚同类嗜食是不是他们这种交配方式背后的真正原因。

说到罕见，还真没有什么比你们雄性赤背蜘蛛哭着喊着让自己的同类吃掉自己更罕见的了。你们这种渴望是如此强烈，以至于有时候甚至会互相搏斗，争抢被吃掉的机会。一只雄蜘蛛会一把拽出雌蜘蛛口中正在嚼着的竞争者，再用蜘蛛丝把拽出来的雄

---

① 管鞭海蛞蝓：一种裸鳃亚目的多颜色海栖腹足纲软体动物，没有贝壳和鳃，但生有作为呼吸器官的手指状的突起。

蜘蛛捆得结结实实，之后，自己一头伸进雌蜘蛛的嘴里。由于你们雄蜘蛛都是小侏儒，只有雌蜘蛛的百分之一大，所以两个雄蜘蛛之间的打斗看起来非常可笑，就像两只兔子围着一头狮子跳舞。毋庸置疑，这种对死亡的渴望是在特殊环境中进化的结果。也就是说，被吃掉能比活着留下更多的后代。到目前为止，你这个物种是我们知道的唯一主动献身的生物。被吃掉的雄性赤背蜘蛛比存活下来的更能使卵子受精。这是什么道理呢？你还记得吗，蜘蛛的交配是将须肢插入雌蜘蛛多毛的黑色下腹部的两个生殖孔中，即使你的腹尖已经在雌蜘蛛的嘴里，你仍然能够接触到她的生殖孔。事实证明，在她嘎嘣嘎嘣吃掉你的时候，你们的交配时间会持续得更长，从而使你有机会将更多的精子送入她的体内，使更多的卵子受精。所以，你的任务就是使自己更可口。

　　成功的秘诀就在于你得挑选合适的时机。雌性赤背蜘蛛并不是饿死鬼，当她们不饿的时候，她们就不会吃你。如果她刚饱餐一顿，你就别指望她还会有胃口来吃你。你必须等到她8只美丽的小眼睛都透出饥饿眼神的时候再献上你自己。对于你的付出，你的后代将感激不尽。

☮　　☮　　☮

很遗憾，我们仍然不了解为什么在有些物种中雌性会吃掉同伴，但她们的近亲物种中的姐妹却不会这么干。我们唯一知道的是（这一点也是显而易见的），因性交而吃掉同类的动物不可能是素食动物，而是肉食动物。通常，她们比自己的猎物在体积上更大，也更强壮，只有这样才能制服对方。各位小伙子们，如果你爱上了一个想一口咬掉你脑袋的高大、强壮、喜欢吃肉的姑娘，你有可能在获得约会机会的同时成为她的晚餐。如果你怀疑自己可能遭遇不测，你一定要问问自己：你是想现在还是以后遇见你的终结者？如果你的答案是以后，那么就请考虑安全的性行为：偷偷接近、霸王硬上弓、完事儿就撤。

如果你的答案是现在，那么就请三思：你非常肯定你这么做会有所回报吗？如果你肯定的话，那么就准备留下你的遗言吧，并且祈祷有人会在你的墓碑上刻下"他享有多子多孙之福"几个字。

姑娘们，不和他们做爱就吃掉他们是不对的。喂！你们的生命可也只有一次！如果你喜欢把自己的爱人做成肉饼来吃，那么就请记住：只有在你确定不会一辈子当老处女的时候，才可以吃掉他们。如果考虑妥当了，我就祝你们有个好胃口！

第七章　激情之罪

谋杀、打老婆、强暴，为什么会发生这样的事情？因为有些雄性被拒绝了还想胡来。

亲爱的塔蒂亚娜博士：

　　尽管我是一只独居蜂（solitary bee），但我总是被骚扰。无论什么时候，只要我一离开蜂巢，就有一群除了招人讨厌以外就什么都不会干的家伙跟着我。他们认为在我干家务活儿的时候和我调情是一件有趣的事情。其实这不仅无趣，还让人生气。怎样才能让他们离我远点儿呢？

　　　　　　　　　　　　　　　　一个总不得安宁的蜂姑娘

　　　　　　　　　　　　　　　　　　　　　　来自牛津

　　雄性蜜蜂和雄性黄蜂是出了名的懒汉子。看看那些群居的物种，比如蜜蜂或者大黄蜂，他们居住在一个由蜂王统治的大蜂窝里。雄蜂无所事事地混日子，而他们的姐妹工蜂却做着苦工，忙着采集食物、打扫蜂巢以及哺育后代。有时，工蜂也会奋起反抗。

在造纸胡蜂（拉丁文学名为 *Polistes dominulus*，它们用吮吸的树浆建造极薄的蜂巢）群中，辛勤的工蜂会对雄蜂玩一种"填鸭"游戏，这是一种非常残忍的消遣。当一只雄蜂被选为游戏对象的时候，他会被工蜂又咬又踢，她们还把他的头部向前塞进蜂巢中的一个空蜂房。填鸭者不停地把他向蜂房里面推，而且还咬他的尾部，以防止他反抗。一般是在工蜂带着食物回到蜂巢之后，她们最喜欢找雄蜂玩"填鸭"游戏。在他好不容易把自己从蜂房里面弄出来后，食物已经分发给了蜂巢中应得到它们的成员，比如说幼蜂。

尽管那些群居的、有着闹哄哄蜂房的蜂种是最受欢迎的媒介，然而，绝大多数的蜜蜂和黄蜂都跟你一样，属于独居的物种。在独居的物种中，每个雌性都要生育，而且没有工蜂帮她们，但仍然存在着一些懒鬼。一般说来，雌性是超级妈妈，她们要建筑巢穴、产卵，在孵化的时候还要为每个宝宝准备食物，而雄性则在旁边游手好闲。这样问题就来了——比如说你遇到的情况——也就是说，一只雄蜂在早上饱食了花蜜之后，他有一整天的时间无所事事，只知道追逐雌性。

是的，真是无聊。你这个物种中的雄性真是蠢得不行，他们追逐雌性的方式竟然是直截了当的。如果一只雄蜂在你飞翔的时候扑向你，很可能会把你撞到地上去。如果你被一群雄蜂追逐，你可能每三秒钟就会被撞到地上一次。在这种情况下，你还得去采集花粉和花蜜，这可真是一项高难度的工作。不过，你应该谢谢你的幸运星。在其他物种中，当游手好闲的年轻之辈成群结队四处游荡的时候，可能会惹出更大的麻烦。

一只母山区野羊（mountain sheep）可能会被一群猴急的年轻公羊追逐几英里。这不仅让母羊疲惫不堪，而且还可能存在危险：为了摆脱那些公羊，她经常要跳过峭壁上的岩石。尽管如此，我敢打赌，她还是会为她是一只山区野羊而感到高兴。凯尔盖朗群岛是南极圈以北的石岛群，在其中最大的岛屿长岛上面，生活着一群被人类弃养的羊，他们在这个岛上自生自灭，生活了30多年。结果呢？实际的场景让《蝇王》（Lord of the Flies）这部文学作品中描述的场景相形失色。母羊不仅会被一群公羊追逐，而且还会被他们踩踏致死。受害者被公羊追逐，直到她无力奔跑为止，然后公羊会试图与之交配，但鲜有成功，因为一只公羊刚要行动，就会被其他的公羊给踢下来，谁也占不到便宜。这个过程可能会持续好几个小时，母羊在这个过程中受到越来越多的冲撞。如果她因精疲力竭而摔倒在地的话，公羊会对她又踢又撞，直到她爬起来为止。如果经过这番折磨她仍然活着的话，母羊的苦难将因大海燕（giant petrel）而终结。这种巨大的海鸟翅膀张开可以达到2米多长，他们有一个有失体面的习惯：用自己巨大的钩状喙猛啄垂死动物的肛门，直到将他们的内脏取出。

母羊并不是唯一的倒霉蛋，雌蛙也会有这种可怕的经历。就以呱呱蛙（quacking frog）为例，这种生长在澳大利亚的青蛙因为雄蛙发出"呱呱"的叫声以吸引雌蛙而得名。跟其他种类的青蛙一样，雌蛙也是在池塘产卵。如果一切顺利的话，雄蛙遇见雌蛙，就会爬上她的背，用自己的胳膊抱着她——这是一种典型的青蛙式拥抱，叫作"抱合"（amplexus）。她将卵子排在水中，他则射出精子使卵子受精。但如果她不走运，同时吸引了几只雄蛙的话，他们会互相推挤以获取最佳的姿势。最好的情况是，她的受精卵子数要减少；最糟的情况是，她有可能因他们的"抱合"而窒息。这种悲剧并不仅仅发生在呱呱蛙身上，一次吸引了几只雄蛙的雌性林蛙（wood frog）偶尔还会在追求者的群殴中掉进水里淹死。

但我认为，淹死总比被肢解要好。在有些独居蜂和黄蜂中，雄蜂从冬眠中醒过来的时间要早于雌蜂，于是他们聚集在雌蜂藏身之处的出口。当她出来之后，雄蜂互相争斗以获得对她的独占权，在拉扯过程中，她有可能被撕得四分五裂。雌性黄粪蝇喜欢到新鲜的牛粪上交配、产卵。如果她同时遇到几只雄蝇的话，就可能被大卸八块，或者被淹死在潮乎乎的牛粪中。或许，大卸八块比淹死在粪堆上还是要好一点。

雌性北象海豹每年都会有一段时间在海滩上聚集，以生育幼崽、交媾寻欢，之后再回到海里面。体积最大的雄海豹——我说他们大是因为他们身长 5 米，体重超过 2.5 吨——拒绝让体形较小的雄海豹靠近雌性。当然，这些年轻的雄海豹并不会善罢甘休。只要他们发现一只雌海豹正要返回大海，他们就会急急忙忙地冲过去，不顾死活地与之交配。但这有可能导致雌海豹的死亡，于是他们会为了死海豹的尸体而战。夏威夷僧海豹（Hawaiian monk seal）是唯一生活在热带的海豹，也是世界上濒临灭绝的动物之一，目前，野生状态下的数量可能不足600头。最糟糕的是，对他们的最大威胁来自其他僧海豹。他们最主要的死因是成年雄性僧海豹对成年雌性僧海豹的攻击，雌性经常被一群处在发情期的雄性蹂躏数小时，其间有可能被殴打致死，或者被咬得遍体鳞伤，然后鼬鲨①（tiger shark）被引来，命丧鲨口。由于情况危急，人们不得不捕捉雄性僧海豹并对其注射禁欲药，试图使这个物种免遭灭绝的厄运。

这听起来简直是不可思议，但问题的关键是，没有任何一种暴力是蓄意的。雄性并不想伤害雌性，如果在一个雌性怀孕之前就把她弄死，对于他们来说没有任何好处。但是，他们为什么又如此具有进攻性呢？这是一个悖论。当一群雄性四处游荡的时候，事情可能会变得很糟糕，他们会争先恐后地向路过的雌性求欢。如果雄性聚集在雌性的繁殖场，或者是少数雄性控制着很大一片

---

① 鼬鲨：一种生活在热带海域的凶猛残忍的大型鲨鱼，身体呈棕褐色且侧面有竖形条纹。

繁殖区域而其他雄性只能远远地躲在一边时，情况会变得尤其糟糕。不过，不入虎穴，焉得虎子。如果一个雄性只是彬彬有礼地站在一边向一个姑娘脱帽致敬，那他休想获得交配的机会。如果他想和她享鱼水之欢的话，他就应该冲过去展开求欢攻势。如果他能击退其他竞争者，他就有机会使她的卵子受精。但麻烦就在于，以上所说的情况对于每个雄性来说都是如此，所以混乱产生了。如果她在他们的竞争中死去，那就太糟糕了。不过在雄性看来，这和其他人赢得了她的芳心并没有什么区别。

但在雌性看来，情况明显是不同的。没有谁愿意被肢解、被淹死或被殴打致死，因为死亡将阻碍将来的繁殖。如果雌性能够预计到即将到来的风险有可能使其丧命，或者导致严重的伤害，可以想象得到，雌性一定会进化出对策。一般来说，的确是这样。有些雌性拥有可以使自己少受骚扰、伤害或者不被谋杀的能力。如果这些能力拥有基因基础，那么这种基因在进化过程中就会得到传播。尽管如此，当一个雌性面对几个雄性的时候，她的确没有太多自卫的手段。即使是最了不起的勇士，通常也可能寡不敌众，不能斗个几天而不休息。

那么，究竟该怎么办呢？最简单的办法就是雇用一个保镖。以雌性黄粪蝇为例，她们更愿意选择体积大一些的雄蝇交配，从而更有可能平安地活下来。雌性北象海豹在回到大海的途中，与她们遇到的雄海豹交配，然后在他们的护送下离开海滩，从而避免被其他雄海豹袭击的可能。水黾（water strider）是一种看起来非常雅致的昆虫，他们的腿细而长，能在池塘或者小溪的水面上滑来滑去。如果雌性水黾周围没有几只雄性水黾而只有一只雄性水黾纠缠不休的时候，雌性水黾会奋力摆脱他的纠缠。但如果有许多雄性水黾围过来，她会选择与第一只雄性水黾交配。他的在场使得其他的雄性水黾热情大减。即使在生命没有面临危险的时候，保镖也非常有用。比如有雄性保护的雌性野鸡和鸽子可以将时间花在觅食上，而不用时时提心吊胆，担心其他肉食动物的袭击，也不用担心其他雄性的骚扰。

但至于说你，我忙碌的朋友，其实并不需要一名保镖保护你免受其他雄性的骚扰。在你这个物种中，雄性鬼闹的地点和时间是一定的，而且你又不是非得去这些地方不可。这就意味着，那些雄性不可能死乞白赖地躲在某个你绕不过去的地方等你。所以，避开他们并不难。如果他们大批地一心守候在一片花丛附近，你就到其他的花丛中去。在你这个物种中，大多数雌性都是这么做的。

开心一点！在有些场合，雄性喜欢扎堆的心态可以为某些雌性所利用。就比如说属于狼蜂的白痣泥蜂（拉丁文学名为 *Philanthus basilaris*）吧。狼蜂是一种独居的黄蜂，他们捕猎其他的蜜蜂和黄蜂为食。雄狼蜂会成群结队，每一只都有一小片领土，他们追逐每只路过的雌蜂，希望能找到自己的梦中情人，因此十分惹人讨厌。这些可怜虫，他们以为自己快跟雌性上床了，却没想到他们一躺下就再也起不来了。对于那些死皮赖脸的追求者，雌蜂的报复手段简直让人毛骨悚然。有时候，已经交配的雌性会造访雄蜂聚集的地方，她的目的不是让他们美梦成真，而是为了给自己的家人提供食物：她们把雄蜂带回蜂巢，让幼蜂在孵化出来后把他们吃掉。由于雄蜂急不可耐地想要交配，所以雌蜂很容易就能把他们骗到手。当一只雄蜂陷入这些雌性的温柔臂弯之后，就会发现自己的命运将是生不如死。他将被蜇得全身麻痹，却不会死——因为幼蜂喜欢新鲜肉——然后被封存在蜂巢中，直到幼虫活生生地吃掉他。真是君子报仇，十年不晚。

> 亲爱的塔蒂亚娜博士：
>
> 　　我是一只澳洲海藻蝇（seaweed fly），也是一个新好男人。我知道当女生说"不"的时候，就是代表拒绝，但那又怎么样呢？！在我这个物种中，雌性简直就是悍妇：我只要对她们献殷勤，就会被她们暴打一顿。她们为什么就对我充满了故意呢？我该怎么办呢？
>
> > 一个遭遇挫折的好好先生
> > 来自澳大利亚马拉库塔湾

让婉转的说法见鬼去吧！在你这个物种中，说"不"就是表示肯定。雌性之所以都像野蛮女友，是因为她们希望你能够征服她们——确实如此，不能征服她们的雄性就不能跟她们交配。所以，如果你想得到交配机会，你就不得不忍受她们的拳打脚踢，直到她们向你投怀送抱为止。

在有些生物类别中，性暴力是非常普遍的现象。食蟹海豹（crabeater seal）偶尔也会换换口味，不吃蟹而改吃磷虾——这是一种生活在南极冰冷海域的小虾，经常成百上千万地生活在一起。在交配过程中，食蟹海豹会互相野蛮地撕咬，双方到最后都全身是血。尽管这看起来很可怕，但这就像人类在做爱的时候，女人有时会把男人的背抓破，伤口并不严重，而且也没有什么恶意。他们为什么会这么做呢？个人嗜好是很难解释的。

当然，对暴力的嗜好有其危险性。狂野的性爱在许多动物的身上留下了累累疤痕。年长的雄性食蟹海豹的头部布满雌性留下的爱的印记。当一头雄性美洲野牛（拉丁文学名为 *Bison bison*）爬上一头母牛背部的时候，他的前蹄会搭在她的背上，有时候，甚至会蹭破母牛的皮。在母牛庆祝她 8 周岁生日的时候，她的背上可能有许多因为公牛的摩擦留下的斑秃（在交配过程中，她必须承受公牛的全部重量，因为在他射精的时候，痉挛会使他的后蹄离开地面）。儒艮（dugong）是一种食草类海洋哺乳动物，他们在海底嗅着海草，用下唇上的角状肉垫将海草连根拔起。雌性儒艮的背部有一些伤疤，这都是雄性儒艮在交配的时候因为笨手笨脚留下的。

更糟糕的是，有时候还会发生惨剧。在侏儒蝾螈（pygmy salamander）中，雄性在呈上精包之前，会用自己带有倒钩的牙齿咬住雌性的脖子。有时候，由于咬得太紧，甚至无法拔出来。雄性南象海豹（southern elephant seal，体形比北象海豹还要大，身长 6 米，重量几乎达 4 吨）可能会因为粗心咬住雌海豹的头而不是脖子，以至于把她的头盖骨咬碎。雄犬貂（dog mink）偶尔也会犯类似的错误，不是咬住雌犬貂的颈背，而是咬穿了她的脑袋。雄海獭有时候想跟雌海獭接吻，却咬在了她的鼻子上，如果伤口感染的话，雌海獭可能连命都没了。

类似的灾难引起了大家的关注——不好的消息总是能起到这种作用。但是，我们必须保持正确的认识：这种事故和浪荡之徒的性暴力行为是不同的，因为这并不是雄性出于自身利益的需要而蓄意为之。一个将爱侣的头盖骨压碎的雄性将不会留下太多的后代。因此，在那些雌性不愿意被一群雄性袭击的物种中，交配中被谋杀的危险与其他的死亡威胁相比，简直是微不足道。避免这种惨剧的发生与运气有关，与进化无关。这是因为，如果头盖骨被压碎的情况并不多见的话，保护你的头颅免受压碎之灾的基因就不会得到广泛传播——比如那些使头盖骨更为结实的基因。

雌性死了就不可能再生育，但是那些受伤的雌性还是可以的，当然这也要看她受伤的程度。所以，那些因交配而死的惨剧潜在的危害性可能更大。那么，要怎么做才能使雄性不会将雌性打得奄奄一息呢？殴打是否真能使雌性不再享床第之欢而无法背叛他？姑娘们，不要害怕，他们不可能得意太久。假设无论是基于什么原因，要交配就必须冒着被严重伤害的风险，那么你可以料想得到，不用多久，你们就一定可以进化出使你们免受伤害的遗传特征。

　　我们看看这样两个例子。第一个例子是鲨鱼。这种令人恐惧的动物的性生活也极其野蛮。雄性鲨鱼在试图将自己的一个鳍足——也叫"交合突"①（clasper）——插入雌性鲨鱼体内的时候，会用他的双颚咬住雌性鲨鱼（雄性鲨鱼有两个交合突，分别位于腹部的两侧，一个接触到他的生殖器开口，一个塞入雌性的体内。在交配过程中，从生殖孔排出的精子进入交合突，然后混着海水一起喷入雌性鲨鱼的体内）。成年雌性鲨鱼的鳍上不仅经常有伤痕，甚至有一小部分没了踪迹。对于我来说，当然不希望被一条鲨鱼咬一口，哪怕是用一种温柔的方式，但如果你是鲨鱼姑娘，这也不是那么糟。以大青鲨（blue shark）为例，成年雌性大青鲨的身上经常有一些伤疤或者新鲜的咬痕。但是，她们有应对的办法：在雌性大青鲨进入青春发育期后，她们的皮肤开始变厚；在

---

① 交合突：雄性板鳃亚纲鱼类腹鳍的前端延伸，在交配中辅助精子的传递。

她们进入成年期之前，她们的皮肤厚度已经是同体积雄性鲨鱼的两倍。说得更清楚一点，就是她们的皮肤厚度已经超过了雄性大青鲨牙齿的长度。再来看看鲨鱼的远亲圆魟（round stingray），不仅雌性圆魟会长出比雄性更厚的皮肤，雄性圆魟也有异常尖利的牙齿，以便能够稳住雌性圆魟。尽管雌性和未成年雄性都有着平滑的牙齿，就像是铺设平坦的石板路，但是成年雄性却有着又长又尖的牙齿，好让他在与爱人亲热时感觉更刺激。有时候，雌性也会咬雄性，而雄性也已进化出一套降低风险的方法。镰刺鲨（拉丁文学名为 *Falcatus falcatus*）是一种已经灭绝的鲨鱼，生活在约3.2亿年前。目前，我们只能根据化石对其进行研究。要是今天的鲨鱼看见了雄性镰刺鲨，一定会笑得岔过气去，因为在他们的头顶长有一个很大的把手状的鳍，后来这个鳍经过变异向前弯曲，横过头顶，使他们看起来像鲨鱼形状的大熨斗。根据对一对镰刺鲨化石中夫妇俩的姿势判断，雄性镰刺鲨头顶的柄状物是为了防止雌性在交配过程中咬住自己的。

关于应对措施的第二个例子是一种海生扁虫（拉丁文学名为 *Pseudoceros bifurcus*），这是一种雌雄同体的生物。在雌雄同体的生物中，由于每个成员都有可能成为交配的对象，所以为了抢夺交配对象而大打出手的现象并不存在。实际上，对许多雌雄同体的动物来说，性爱是一种美好的体验。但是对于海生扁虫来说，却不是这样。在这个物种中，由于每个个体都更愿意扮演雄性角色，而不是雌性角色，因而进化出一种干了就跑的授精技巧：一只海生扁虫将阴茎刺入受害者身体的任何一个部位，然后以尽可能快的速度逃跑。由于这种刺戳会造成很深的伤口，所以任何成功避免了这种刺戳的海生扁虫就获得了一种直接的优势。结果如何呢？结果就是阴茎剑术（Penis fencing）的产生。

就跟剑术一样，双方要在避免自己被对方击中的同时，努力去击中对方。击剑的目的不是要杀死对方，而是要将对方刺中。一场决斗可能要持续一个小时，双方或打或刺，或躲避或还击，场面非常精彩。海生扁虫看起来像一小块波斯地毯，他们的身体呈扁平状，身上装饰有精巧而重复的彩色图案。在游泳的时候，他们看起来就像是飞毯；当他们"击剑"的时候，看起来就像是两个穿着长斗篷的隐形人在决斗。当其中的一只海生扁虫用自己的阴茎成功刺中另一方的时候，决斗才告结束。这当然没有太大乐趣，但至少失败的一方进行了顽强的抵抗。

希望我已经使你相信，稍微来点打情骂俏绝对不是恶意的表现。我们再回来说说你的情况，事实上，雄性海藻蝇在交配格斗的过程中搜集了许多重要的信息。挑三拣四的雄性不会和每一只被他征服的雌性交配，而是挑选那些最健壮的行欢。实验观察找到了这种选择背后的原因：最健壮的雌性正是那些生存能力最强的雌性。没人知道这些雄性的眼光为什么那么高，但一个可能的原因是无法预计海草——雌性要在上面产卵——什么时候会暴露在海滩上。因此，越强壮的雌性活得越长，直到潮汐把海草送上海滩。所以，你不要害羞，走过去暴打那些雌性，使她们屈从于你。

亲爱的塔蒂亚娜博士：

我是一只山艾树蟋蟀（sagebrush cricket），刚刚进入成年期。我在审视我成熟的男子汉身体时，发现我的背上长了一些牙齿。这太滑稽了，牙齿怎么长到那个地方去了。这些牙齿有什么作用吗？

一只对身体结构知之甚少的山艾树蟋蟀

来自落基山脉

你听说过齿夹式陷阱（gin trap）吗？这是一种装有弹簧钳夹的陷阱，平时张着血盆大口，一旦动物踩到了扳机，钳夹会猛地合上，紧紧扣住猎物，使其无法挣脱。猎手曾经用齿夹式陷阱来捕捉熊、狼、鼬、黑貂等动物。在18世纪的英国，这种陷阱甚至被用来抓人。我不是开玩笑，当时的人们用巨大的钢铁齿夹陷阱捕获潜入贵族庄园的小偷。

幸亏今天用齿夹陷阱捕捉动物或人的方式已经被法律禁止了。但大自然可不会理会这种法律规定。在你背上的牙齿就是用来捕捉雌性的"齿夹陷阱"。至于它们的用途，等我慢慢道来。

在你们的物种中，性爱体位是雄性在下，雌性在上。当你向上弯曲你的背，以完成生殖器官的接触时，背部的弯曲使你的"齿夹陷阱"紧咬她的腹部，从而将她牢牢抓住。一旦抓住了她，你就可以强行交配，而由不得她了。没错，你的"齿夹陷阱"为你"强暴"她提供了便利。你为什么要"强暴"她呢？嗯，这是一个丑陋的世界。雌性山艾树蟋蟀有一个可怕的习惯——她们要喝你的血。你可能已经注意到了，除了背上的"齿夹陷阱"，你还有一个奇特的生理构造：一双柔软的、肉质的后翼。指望这双翅膀，你飞不了多远，恐怕你的这双翅膀是给雌性啃着吃的。在做爱的过程中，她会对着你的翅膀咬上一两口，然后舔食从伤口流出的血。在血干了以后，你的后翼就像奇形怪状的雕刻品。雌性自然喜欢童男子，因为只有童男子的翅膀才没有被"人"碰过。毕竟，谁愿意吃人家嚼剩下的东西啊？但这种挑三拣四的行为也给雄性造成了困扰，因为你们可不希望只交配一次。正是为了检查你的后翼是否被其他雌性啃过，她才会爬到你的背上，你才有机会用你的"齿夹陷阱"抓住她。如果你本来就是童子身，那无所谓了，反正她也会和你交配。但如果你的后翼已经被"人"啃过，就只有通过"齿夹陷阱"来迫使她留下来。

别紧张，你们并不是唯一利用器械强迫雌性交配的动物。比如说蝎蛉（scorpion fly，一种蝎蛉科长翅目昆虫）吧，这种昆虫长有带黑点的透明长薄翼。雄性蝎蛉的腹部长有"背器官"（notal organ），形状如同夹子，用来压住雌性蝎蛉。跟你长在背部的牙齿一样，背器官用在所有的交配场合，但只有当雌性不愿意配合的时候，它才被当作武器使用。究竟是什么影响着雌性蝎蛉的交配意愿呢？答案是雄性蝎蛉能否提供一顿美味的大餐。

蝎蛉遵循一种守旧的交配系统：他负责提供晚餐，她负责献身。蝎蛉是昆虫世界的秃鹰，也是食腐动物，以死去昆虫的腐肉为食。一只有风度的雄性蝎蛉会提供美味的昆虫死尸，雌性蝎蛉也乐于与那些能够提供美食的雄性交配，但昆虫尸体比较稀有，为了得到尸体，雄性蝎蛉甚至不惜冒着危险去偷蜘蛛的猎物。（小贴示：如果你是一只成年雄性蝎蛉，你就拥有一个巨大的球状阴茎。当你潜入蜘蛛的储藏室，而女主人试图阻拦你时，你就用你的阴茎击打她，她就会知难而退。对于雌性来说，如果你们也陷入同样的困境，最好的办法就是用头撞击那只倒霉的蜘蛛。）

如果一只雄性蝎蛉把正当的、不正当的手段都用上了，仍然弄不到昆虫尸体的话，他就会用自己的唾液腺分泌出一个很大的凝胶团，尽管味道不如昆虫的尸体，但也还算可口。事实上，有些雄性既不能分泌凝胶团，也不敢从蜘蛛那里窃取昆虫尸体。由于他们不能为雌性提供任何东西，所以就只能借助暴力。

无论是山艾树蟋蟀还是蝎蛉，"强暴"都是失败者的最后手段，被逼上绝路的雄性只能借用这种方式来传播自己的基因。当然，与一个心甘情愿的雌性交配比与一个恼羞成怒、奋力挣扎、坚决不从的雌性交配要好得多，因为雄性和积极配合的雌性交配，持续时间更长、传递的精子更多、产下的后代也更多。但如果你是一个什么也提供不了的雄性，你没有资本引诱任何雌性，胁迫就成了你唯一的选择。事实上，优胜劣汰法则鄙视那些风度翩翩的失败者。如果你没有任何资本，又不愿借助暴力，你将断子绝孙，你彬彬有礼的基因将随你的消亡而灰飞烟灭。

　　你不要认为在动物中所有的强奸犯都是暴徒，都是除此之外找不到雌性的雄性。强暴行为在龙虾、鱼类、海龟、鸟类、蝙蝠和灵长类动物中都存在。罪犯的身份并不总是能大白于天下的，比如在小型棕蝙蝠（little brown bat）中，有些雄性蹑手蹑脚地爬过巨大的栖息地，趁机强暴正在冬眠的雌性（甚至雄性）。在鸟类中，强奸犯往往是那些衣冠楚楚的已婚雄鸟。以白额食蜂鸟（white-frontedbee-eater）为例——这是群居在非洲中部和东部的一种身材娇小、羽毛色彩斑斓的鸟——雄鸟和雌鸟形成稳固的夫妻关系，但你不要被这种假象所迷惑。白额食蜂鸟很难安分守己，强暴行为在这个种群中司空见惯。如果一只雌鸟敢冒险单独外出，少则1只、多则12只雄鸟会尾随其后，如果他们能够成功地将她撞到地上，他们就会立即跳到她的身上，和她交配。在有些食蜂鸟群体中，雌鸟一年中有五分之一的机会可能被强暴。尽管在某个年份里，许多雄鸟都还是单身——根据暴徒理论，单身汉有最大的嫌疑——但单身汉是无辜的。几乎所有的强奸犯都是群体中那些已经和其他雌鸟成双成对的雄鸟。同样群居的小雪雁(lesser snow goose，一种北美洲野鹅，生长在北极地区)的行径更为恶劣。在这个物种中，已婚的雄鸟习惯性地袭击巢居的雌鸟。雌鸟只要单独离开鸟巢，就有可能受到隔壁雄鸟的骚扰。雌鸟单独外出的主要原因是她的丈夫出门强暴其他的雌鸟去了。在有些小雪雁群体中，每只雌鸟每五天就会被强暴一次。

大家都知道，这种恐怖的行为实际上很难导致雌性怀孕。据估计，最高仅 1% 的白额食蜂鸟的幼鸟是因为强暴而产下的；至于小雪雁，这个数字是 5%。既然如此，为什么这些家伙就不能像群落中的那些正直成员一样，满足于照顾好自己的太太和孩子呢？这是因为，在绝大多数雄性可能对雌性实施性侵害的鸟类中，大家都是择群而居。在这种环境中，雄鸟用不着跑太远去寻找下手的目标，因而强暴的成本降至最低。因此，强暴的回报——拥有更多的后代——并不需要太过丰厚，就能使强暴行为持续下去。

但是，我们怎么知道雌性不是自愿送上门的呢？性胁迫总是很难判断，反抗并不表明就是不情愿，尽管的确有许多雌性都是因为不愿意才反抗的。以美洲龙虾（American lobster）为例，雌虾在刚蜕壳或者虾壳还很硬的时候，都有交配能力。行将蜕壳的雌虾会开始寻觅雄虾，如果找到了中意的，就搬过去一起住，当然这就没有什么打死也不从的情节了。同样，如果一只尚未蜕壳的雌虾想寻欢作乐，在经过非常短暂的审视之后，就会将她的屁股奉献给雄虾。但是，一只不情愿的雌虾面对雄虾的进攻，会撒腿就跑，而雄虾会奋力直追，甚至设法将她从藏身处拖出来。我们再来看看蝎蛉。雌性只对能提供食物的雄性感兴趣，然后一边吃一边交配；对于那些两手空空的雄性，她们只会绝尘而去。要是被抓住了，她们会奋力挣脱，扭动腹部以避免生殖器官的接触。雌性食蜂鸟在产卵的时候，每隔几个小时就要与老公交配一次——她容许他喂昆虫给自己吃，然后翘起尾巴保持不动，而他则在后面激动地扑扇着翅膀。但当有其他雄鸟想勾引她的时候，她就会逃走。如果其他雄鸟想霸王硬上弓，她就会将下体紧紧地压在地面上，并且尾巴下垂，拒绝媾和。此外，在离开鸟巢之前，她会叫上几声，如果她的丈夫在附近的话，听到叫声就会飞过来护送她。这个主意真不赖，有雄鸟陪同的雌鸟很少受到袭击。

以上我们所谈到的，加之强暴而产生后代的可能性非常小，都表明反抗并不是吸引雄性的诡计。对于性侵害，绝大多数的雌性不是采取忍忍就算了的态度，而是宁死不从。这就提出了另外一个问题：既然宁死不从可能导致严重的身体伤害甚至死亡，雌性为什么没有进化出屈从于雄性淫威的策略呢？对于其中的原因，我们还未进行研究，但我敢打赌，她们之所以宁死不从，是因为通常来说，屈从的代价要大于伤亡的风险。我们可以从以下内容推断这个代价的大小：在有些鸟类中，如果雄鸟怀疑老婆红杏出墙，就不会把全部的精力放在孵育后代上，有的小鸟甚至因此被活活饿死。在有些种类的长翅目昆虫中，雌性靠雄性提供食物生活，从来不会自己动手猎食，因为猎食会增加她们成为蜘蛛盘中餐的风险。但是，如果雌性未能抵抗强暴，将不得不自食其力，否则就只能饿肚子。我们还知道，在有些物种中，当雌性被外界——比如说科学家——强行塞给一个雄性的时候，她就会遭受很大的损失。比如黄粪蝇和野蟋蟀，如果雌性的配偶是被指派的，而非自由恋爱，那么她的后代数目会比较少。

如果雄性的鸟类、龙虾、蝎蛉和山艾树蟋蟀能从强迫雌性发生性关系中获得好处，那人类是否也一样呢？我知道，强暴是自然行为的这种想法（我的意思是，强暴是男人的一种本能，是演化而出的男人之行为方式的一部分）惹人反感，甚至是一种冒犯，但坦白地说，这种说法很可能是正确的。生物的进化并不遵循人类的道德观念，而人类的道德观念也不是自然法则的体现。死罪如果反映出生物进化的禁忌，当然就另当别论。举例来说，欲望也许应该被认为是一种美德，而贞节也许是令人悲叹的。大体上，强暴行为在人类中的发展和在动物中一样：如果强奸犯比其他男人有更多的后代，隐含这种行为的基因将会得到传播。

这个逻辑毋庸置疑。但除此之外，对于其他一些相关问题，目前还没有确切答案。对于动物中强暴行为的遗传，目前我们还一无所知，就更别说人类了。我们假设有些男人身上拥有使他们倾向于采取强暴行为的基因，那么强暴行为是否因此而被人类接受呢？当然不会。对人类进化和遗传学的了解能在某天告诉我们，为什么我们会这样或那样，但并不能说明我们希望成为什么样子。

　　姑娘们，如果你们想知道一个典型的强奸犯究竟有什么样的特征，我恐怕无能为力。在有些社会中，他们是奋力作最后一搏的失败者；在另外一些社会中，他们是已婚的男人；而还有些社会中，所有的男性——无论老幼，统治者或被统治者——都喜欢使用暴力。完全不存在什么一般性的规律可以遵循。那么，姑娘们究竟应该怎么保护自己呢？这里是我的"自卫指南"：

　　1. 别太招摇，躲起来或者保持低调；

　　2. 别单独出门，雇一个护花使者，如果找不到陪同的话，就尽量和其他雌性待在一起；

　　3. 避开无所事事的成群雄性。如果他们聚集在一个你必须要去的地方，最好将你到达的时间调整到和其他雌性到达的时间一致；

　　4. 随身携带防身武器。对于全副武装的雌性，雄性总是卑躬屈膝。

第八章　地狱没有泼妇

这样看来，雄性就一定喜欢打架、争斗，而雌性则欣赏和平、融洽，对所有"人"都亲切、和蔼吗？那可不一定哦……

亲爱的塔蒂亚娜博士：

我是一只黑水鸡（moorhen），名叫杰罗姆。我被我这个物种中雌性的暴力行为给吓坏了：她们压根儿不是小可爱，她们可都是野蛮女友。稍有挑衅，她们就跳到半空互相抓打。她们怎么能如此好斗呢？我怎么才能阻止她们互相残杀呢？

一只希望她们成为淑女的黑水鸡
来自英国诺福克

别紧张，在绝大多数物种中，雌性远没有失去理智到互相残杀的地步。如果她们真的因为残杀而导致死亡，通常不是为了抢伴侣，而是为了争夺更重要的东西，比如说住处。即使真是为了什么重要的事情，打斗致死的情况也是非常罕见的。但这种事情偶尔会发生在蓟马（thrip）中——这是一种微小的、有着狭翅的黑色昆虫，是谷物和果树的主要害虫。分布在澳大利亚的几种蓟马，雌性装备着坚硬的前肢，为了争夺理想的住处——金合欢树上的一个树瘿（gall）——而互相打斗致死。蚁后也很好战。在种子收成蚁（seed-harvester ant）中，几只蚁后互相合作建立一个蚁群，一起苦心经营着自己的产业。几只蚁后一起行动会比一只蚁后单独行动能更快地建立一个蚁群，也更容易抵抗邻居的袭击。不过一旦蚁群可以持续运作，蚁后们就开始势不两立，在争夺蚁群控制权的斗争中互相残杀。但一般情况下，如果你是一只雌蚁，杀死对手的报酬并不值得你冒着自己被杀的风险去获取。

这并不意味着女生不会为了争抢男朋友而打架。去过女子学校的人都知道，在男孩很少的情况下，事情会变得很肮脏。这种问题通常只是暂时性的，例如普通欧螈（smooth newt，蝾螈科），每当繁殖季节到来的时候，雌性欧螈总是急着交配，但由于在整个繁殖季节里，雄性欧螈精子的供应量是有限的，所以对于雌性欧螈的心急火燎，他们显得比较淡定。结果呢？当然是小人行径。因为雄性欧螈将精包放置在地上，所以当正在行欢的一对欧螈中的雄性把精包放下时，就会有单身姑娘将其偷走。但在繁殖季的末尾，大多数雌性已经对交配失去了兴趣，她们正忙着产卵。这是一个漫长的过程，因为她们要用树叶将每一个卵子都包裹起来，而在这个时候，就轮到雄性为了仍有兴趣交配的雌性打架了。同样的情形也发生在拉丁文学名为 *Kawwamaphila nartee* 的澳洲螽斯身上，这是一种长得像小树枝一样、体态优雅的动物，与蚱蜢、蟋蟀是亲戚关系。在交配季节的初期，单身汉很受欢迎。这是因为螽斯喜欢吃花粉，但是在早春，绝大多数的花儿还没有开放。然而，雄性在求爱的时候，会分泌出一种美味的食物，其中附带着自己的基因。所以，在春天，花粉的稀缺是一个双重打击：许多饥饿的雌性都渴望通过交配换取食物，但雄性自己都吃不饱，哪里还能分泌出可口的食物呢？在这种情况下，当一个雄性摩擦他那粗短的翅膀，宣告自己准备了一顿大餐的时候，就会有几只雌性跳出来互相打斗，抢夺交配的权利。一旦花粉供应充足了，一切又重归平静。在吃饱了之后，雌性就不是那么渴望交配了，即使有更多的雄性能够加入到交配游戏中来。

这还不算什么。在有些物种中，雄性的短缺是长期性的。比如说某种非洲珍蝶（拉丁文学名为 *Acraea encedon*），雌雄比例失衡的状况非常严重。在有些地方，蝶群中的90%都是雌性。为什么会这样呢？因为他们感染了一种叫沃尔巴克氏体（拉丁文学名为 *Wolbachia*）的可怕疾病。沃尔巴克氏体是一种常见于昆虫的细菌，它就像一个变形怪，对不同的宿主有着不同的影响。对于这种非洲珍蝶来说，此细菌就是希律王，在小男孩还处在胚胎发育的早期阶段，就将其杀死。①在沃尔巴克氏体广为流行的地方，这种雄性珍蝶的数目就很少，雌性聚集在一起，见到一只蝴蝶就要追上去看看是不是雄蝶。

令人高兴的是，在一般情况下，雄性缺乏不是出于什么疾病的原因。在有些雄性帮助照管后代的物种中，雄性经常无法照料某一雌性繁育出的所有卵或者幼雏。在理想的情况下，每个雌性将有一个以上的雄性供其使唤。但这将导致雄性的缺乏，并导致雌性之间的争夺。以产婆蟾（midwife toad）为例，他们生活在地中海马略卡岛的峡谷中，身上有着橄榄绿和橙色的斑点。晚上，雄蟾躲在岩石中低声吟唱爱的旋律，而准备产卵的雌蟾将会应和其中的一只雄蟾，然后跳到他家跟他见面。如果她喜欢他的外貌，她会抚摸他的口鼻——这是产婆蟾表达"宝贝，我们交配吧"的方法。之后，雄蟾从她的后面抓住她，而她也会跺脚回应，然后，雄蟾会用脚尖拨弄雌蟾的生殖器。整个过程可能会持续几个小时，其间会有短暂的休息，但粗鲁的抚摸可能会持续一个晚上。最后，雌蟾在一阵痉挛之后排出卵子，所有的卵子都被一根凝胶状的细线串了起来，就像那种廉价的项链。在雌蟾产卵的时候，雄蟾会用胳膊缠绕她的脖子，排出自己的精子，并像一名疯狂的体操运动员一样，两腿一开一合做剪刀式移动。做这种滑稽动作的目的

---

① 据《圣经》记载，大希律王下令屠杀伯利恒城的小男孩。

很快就清楚了：他是为了将一串卵子缠绕在自己的腿上，直到它们孵化成蝌蚪。

　　这也正是导致雌蟾打斗的原因。雄蟾一旦有了一串卵子，直到将发育成熟的卵子放入水池之前，他们都不会和雌性交配。而这一过程可能需要19天到2个月不等——这取决于天气的状况，在低温状况下，卵子发育的过程会很慢。但雌蟾每3个星期左右就能产出一串卵子，而她们必须找到一只雄蟾来照管，如果找不到的话，卵子就浪费掉了。于是，那些有空的雄蟾就变得颇受青睐，雌蟾会不知廉耻地抢夺其他雌蟾的伴侣。雌蟾之间会互相扭打在一起，但更多的时候是强行介入一对正在求爱的伴侣，从后面抱住雄蟾，使他无法爱抚另一只雌蟾的生殖器官——她希望那只雌蟾对雄蟾笨拙的爱抚技巧感到厌恶，进而停止交配。

　　雄蛙负责照料宝宝，每个雌蛙都渴望拥有一只以上的雄蛙，所有这些都经常导致雌性之间的狂殴。因此，我认为雌性达尔文蛙（Darwin frog）是一种非常好斗的动物。这种绿色的小青蛙有着一个尖尖的鼻子，他们在智利森林中的树叶堆里安家落户，性生活极其隐蔽，但我们已经发现了一些事实。雌蛙每次可以产下30~40个卵，一旦受精，卵子需要在湿地上孵化大约3个星期，正在发育的胚胎会不停扭动，从而激起雄蛙的父爱。雄蛙照顾后代的方式非常罕见，有可能还是独一无二的：雄蛙将卵子吞下，用他们的声囊将受精卵孵化成小蝌蚪。在大约52天之后，做父亲的张开嘴，跟念了咒语一般，小青蛙就跳了出来。显而易见的是，在雄蛙的声囊装满小蝌蚪的时候，他无法唱歌以吸引更多的配偶，所以，孵化行为是一种很崇高的奉献。与同样是雄性在嘴里孵化后代的斗氏天竺鲷（拉丁文学名为 *Apogon doederleini*）不同，达尔文蛙不会因为看见一个比自己的原配更性感的雌性而将口中的孩子吞下肚去。由于每只雄蛙一次只能孵化 15 只蝌蚪，所以一只雌蛙每次需要 2 ~ 3 只雄蛙帮助她完成孵化。此外，由于每只正在孵化的雄蛙有 7 个多星期的时间不能交配，所以在这种情况下，雌蛙之间抢夺雄蛙的斗争非常激烈。

即使单身汉唾手可得，年轻的雌性们还是会为了抢夺那些条件优秀的雄性而打斗、争吵。这可不是什么新鲜的事情：谁都想嫁给能继承一大笔财富的"富二代"，而没人愿意嫁给角落里的穷光蛋。杰罗姆，这也正是你这个物种中的雌性如此好斗的原因。你这个种群中的雌性都喜欢挑逗那些身材矮小、圆圆胖胖的雄性，没有雌性对身材高大、瘦长的雄性感兴趣。如果你一靠近，她们就开始打架，你一定就是个迷人的小胖子。为什么姑娘们喜欢小胖子呢？因为在黑水鸡的文化中，公鸡的主要工作就是坐在鸡蛋上孵蛋。这工作听起来好像挺简单，但实际上非常消耗精力。在孵化过程中，公鸡会日渐消瘦，但肥胖的雄性却可以将鸡蛋的温度保持更长的时间，这样，在一个繁殖期中，那些和肥胖的公鸡结成伴侣的母鸡，会比那些和苗条的公鸡结成伴侣的母鸡生下更多的小鸡。正是因为这种区别，雌性们才会为了抢夺一个胖胖的配偶而大打出手。至于说为什么要身材矮小？因为身材矮小的鸡胖起来才比较快。对于黑水鸡来说，身材矮小、肥胖才是时髦。

亲爱的塔蒂亚娜博士：

　　我是一只埋葬虫（burying beetle），我和我的太太是在一只花栗鼠的丧礼中忙碌时相识的，属于一见钟情。在经过一场浪漫风暴之后，我以为我找到了天堂。但是，她现在已经变成了一个可怕的老泼妇。她不停地唠叨，让我片刻都不得安宁，晚上我为了放松而做倒立的时候，她对我又咬又打。我究竟造了什么孽而要遭受这种报应？我怎样才能摆脱她呢？

　　　　　　　　　　　　　一只不喜欢纠纷和冲突的埋葬虫
　　　　　　　　　　　　　　　　　　　　来自加拿大安大略省

　　你确定你不想再保有花栗鼠的尸体，不想再吃它了？我们都知道，当一只雄性埋葬虫倒立的时候，他的腹部会露出来，从而传送出一种性感的信号。我怀疑你倒立不是为了放松，而是打算勾引谁吧？你可能认为你的太太多疑了，但可能正是这种行为惹恼了她。

　　让我们站在她的角度来看看这个问题。你们俩耗费了好几个小时才将那只花栗鼠埋葬。花栗鼠的体重可是埋葬虫的 200 多倍。如果你们走运的话，那只花栗鼠的尸体可能躺在松软的泥土上，这样你们只需从尸体下面掘土就可以了。但如果泥土很硬的话，你们首先得将尸体移到泥土松软的地方，这段距离有可能长达好几米。尸体最终被掩埋起来之后，蚂蚁和丽蝇①（blowfly）就无法对尸体下手。你们首先得将尸体的皮毛除去，然后将它的肉搓成肉丸，作为宝宝孵化出来后在尸体上爬行时候的食物。多么幸运的小宝宝啊！再也没有什么比花栗鼠的腐肉更适合作为婴儿食品的了。你不妨想象一下这样一幅温馨的场景：幼虫坐在残躯中，就像等待喂食的小鸟，当你和你的太太唧唧叫着弯下腰准备给他们喂食午餐时，他们张大嘴跳跃着。想到这些蛆状的幼虫就令人窝心，尽管他们现在和他们伟大的父母看起来还没有任何相似之处，但迟早有一天他们会跟你们一样，骄傲地炫耀着那又黑又亮、带有红色圆齿的翅膀。

　　但你和你的倒立行为正在威胁着这个幸福的场景。当然，如果你能诱惑别的姑娘来到花栗鼠尸体旁边的话，她会给你带来更多的子女。但对你的太太来说，这无疑是一场灾难。别的姑娘以及她孩子的出现将使你原配的生活十分艰难，因为她无法养活所

---

① 丽蝇：双翅目丽蝇科的通称，在动物尸体或腐肉上产卵，或在掀开的创口、伤口上产卵。

有的孩子。这不仅仅是因为两个家庭得分享那只花栗鼠的尸肉，而这可能根本就不够吃。原因是，你的情人可能谋杀（然后吃掉）你原配的孩子（尽管公平地说来，你的妻子也可能会控制不住，吃掉她的孩子——这是一个埋葬虫吃埋葬虫的世界）。

在许多物种中，如果妻子发现丈夫有了外遇，原配一定会输。有时候，情人会杀掉原配的孩子。例如麻雀和大苇莺（great reed warbler），拥有两个配偶的雄鸟只会帮助最先孵化小鸟的那个配偶，所以精明的二奶为了确保自己得到雄鸟的帮助，会将原配下的卵压碎。但情况并不总是这么残酷。结发妻子之所以经常是失败的一方，是因为一个拈花惹草的雄性会让妻子承担超负荷的工作，以至她无法抚养太多的后代。另外一个原因是，二奶的孩子会和原配的孩子争抢食物或者其他宝贵的资源。无论出于什么原因，许多物种中的雌性都没有兴趣和其他的雌性共享一个雄性，所以会设法阻止这种事情的发生。

正如你已经发现的，叱责、追打以及接二连三地折磨是确保雄性没有时间胡搞的好方法。如果雌性斑姬鹟（pied flycatcher）看见自己的老公在应该工作的时候唱歌，会毫不客气地打断他，让他闭嘴。对于下面的情节我们肯定不会感到陌生：当一只不安分的雄性斑姬鹟看到暴跳如雷的老婆步步逼近时，会撒腿就跑。

在感觉受到威胁的时候，有些雌性并不是勃然大怒，而是对配偶大施魅力勾魂术。比如雌性八哥若发现自己的老公向其他的雌鸟献殷勤，就会在配偶面前表现出风情万种的样子，并不停地提出性要求。无论她们是用柔情还是暴力来对付老公，雌性对于勾引她们老公的姑娘的态度都一致，那就是充满敌意。比如生活在北美洲的食肉鸟白尾鹞（northern harrier），雌鸟会恐吓可能成为自己情场对手的雌性，而且当第三者带着食物飞行的时候，还会袭击她。蓝冠山雀（blue tit）会俯冲袭击竞争者，在半空将对方击倒在地。雌性八哥除了用媚功缠住伴侣外，只要发现有竞争者在周围游荡，就会将其驱逐，并得意地唱上一段，让那贱蹄子知道老娘可不是好惹的。如果她发现自己的丈夫拿着自家的东西到另外一个地方筑巢，她会用稻草、羽毛以及其他东西将那个巢填满，让它看起来好像已经被她占据了一样，尽管她有自己的鸟巢。一般来说，雄性八哥最后会把老婆赶回她自己的巢穴，免得她撒泼，坏了自己的好事。

但跟眼斑亮丽鲷（拉丁文学名为 *Lamprologus ocellatus*）先生比起来，雄性八哥的运气还不算是特别背的。眼斑亮丽鲷生活在热带坦噶尼喀湖，那是非洲最大的湖泊之一。雄性一般控制着一片地盘。对于绝大多数的鸟类来说，雄鸟的地盘是否具有吸引力是很关键的，而对眼斑亮丽鲷来说，重要的就是雄鱼能否提供空蜗牛壳。你可能对此不以为然，但那些旧蜗牛壳可是抢手得很。许多生物都把这些旧蜗牛壳当成非常实用的庇护所。寄居蟹以依赖旧蜗牛壳生存而著称：他们自己不能长壳，而是在生长的过程中不断寻找尺寸合适的空壳。尽管要找到一个尺码合适的空壳并不容易，但许多寄居蟹仍然十分挑剔，他们宁愿挤进一个很小的完好的空蜗牛壳，也不愿意要一个尺寸合适但有一个破洞的旧蜗牛壳。对于一个小社区来说，用过的空壳十分重要。举例来说，有些水螅虫（hydroid）——这是一种生理构造非常简单的动物，是水母、珊瑚虫和海葵的近亲——喜欢定居在被寄居蟹霸占的甲壳上。他们是怎么看出来甲壳里住着什么"人"的呢？原来，寄居蟹比空壳原来的主人的移动速度要快，从而引起了小水螅虫的注意。这是一种互惠的安排。水螅虫身上带有一种毒液，可以吓退那些对寄居蟹起了觊觎之心的动物。出于同样的原因，有些寄居蟹让海葵粘在自己的甲壳上。作为报答，水螅虫（或海葵）既能得到主人的一些残羹剩饭，又能避开捕食自己的动物，因为寄居蟹会极力躲开他们。

在坦噶尼喀湖里，至少有 15 种鱼类需要空的蜗牛壳，以便在里面产卵。由于绝大多数鱼类中的雄鱼都无法远距离移动那些甲壳，所以只能在附近找到什么算什么。但是有种叫美鳍亮丽鲷（拉丁文学名为 *Lamprologus callipterus*）的鱼，雄鱼可以长到 11 厘米，因而能轻易地用嘴夹住甲壳，将其带回自己的地盘。（这种鱼创下了雄鱼和雌鱼身长差距的纪录，雌鱼身长不到雄鱼的一半，体重也只有雄鱼的 1/14。她们身材娇小就是为了能待在蜗牛壳里面。）最大的雄鱼会搜集一大堆甲壳，供雌鱼在里面产卵。

通常，为了这些甲壳，雄鱼什么都做得出来，经常互相抢劫。身材较小的雄性眼斑亮丽鲷只能推着甲壳前进，所以在他出门之前或者收拾整齐、等待雌鱼造访之前，一定会将辛苦收集来的甲壳埋在自己的地盘里。

如果有雌性来访，而且双方都满意对方的话，他就会挖出一个甲壳供雌鱼居住，直到她准备产卵。（如果她在几天之内都不能产卵的话，雄鱼会把她赶走——这鱼姑娘把这儿当成什么了？无家可归者的收容站？）她产卵的时候，会将卵子产在甲壳内，使它们粘在甲壳的内壁上；然后雄鱼会使那些卵子受精，而她也会待在甲壳内，吹动鱼卵以保证通风和清洁。在小鱼孵化出来之后，雌鱼和这些小宝贝一起住在甲壳内，直到他们可以到外面的世界去闯荡为止。

雌性眼斑亮丽鲷之间互相憎恨。先来到雄鱼领地的雌鱼总是尽其所能地保持其独自受宠的地位，对于后来者，不是驱赶就是恐吓。即使第二条雌鱼毅然决然地留下来，也不得不住在一个远离原配的甲壳内，不得不面对大老婆没完没了的骚扰，直到雄鱼最后不得不出面阻止她们之间的打斗，将攻击者赶回自己的甲壳。由于大房和二房之间每个小时都会互相攻击几次，雄鱼不得不花费很多时间来维持家庭的和平。可是，这种打斗对于她们来说可是事关原则的大事。如果雄鱼不出面制止，双方的打斗会一直持续到其中一方滚蛋为止。所以，小伙子们，如果你们想四处留情的话，就先想想代表和平的汉字"安"——一个屋檐下只能容纳一个女人。

☺　　☺.　　☺

跟男人相比，女性没有什么特别的攻击武器，也很少将参与打斗的对方置于死地，动不动就拔出手枪不是她们的风格。但你们也不能因此就误认为她们不会为了争夺男孩子而大打出手。雌性会为了以下原因打架：

1. 绝望感——一般发生在周围没有足够多雄性的时候。有很多原因都可导致雄性的不足，但是在那些雄性要花费大量时间来承担绝大部分（或者全部）子女照料工作的物种中，这种情况尤其明显。

2. 眼光高——只要有些雄性明显比其他雄性优秀，雌性就会抢着和最优秀的雄性交配。与跟那些次等的雄性交配相比，与优秀的雄性交配能够使她们拥有更多的后代。

3. 占有欲——在雄性与雌性结成伴侣的物种中，雌性会竭尽全力地阻止自己的老公勾搭其他雌性。为了避免自己的位置受到威胁，雌性会攻击潜在的情场竞争者，对于那些动了歪心思的雄性，雌性会严加看管，重新挑逗起老公对自己的兴趣，或者喋喋

不休地加以劝阻。

　　所以，如果你听说两个女人义结金兰、情深似海，那一定是宣传伎俩。在绝大多数的物种中，根本就没有"人人为我，我为人人"这种说法。每个姑娘都只会为自己着想。

第九章　壮阳剂、春药和丘比特的其他处方

同性恋、新物种和春药之间有什么共同之处吗？如果仔细观察，你就会发现它们在本质上都是两性大战的产物。

亲爱的塔蒂亚娜博士：

我想我犯了一个可怕的错误。我的童贞刚被一个从本地的一家果蝇实验室跑出来的家伙夺走了。跟野生果蝇比起来，他的体形更大，也更坏——他说他已经在我身上下了咒语，我将永远不可能再和其他果蝇发生性关系了。你认为这可能吗？还是他在虚张声势地吓唬人？

一只害怕被蛊惑的果蝇
来自美国加州圣巴巴拉

一般说来，野生果蝇千万不要碰那些从实验室里跑出来的同类。果蝇实验室里的实验种类繁多，从实验室跑出来的果蝇早就不知道变成了什么怪种。至于实验室里的果蝇是否会具有超自然力量以控制爱人——那是一种在野生状态下不可能进化出的力

量——恐怕诱奸你的那个家伙说的是实话。他们是怎么做到这一点的呢？要明白其中的缘由，我们需要对两性的战斗作更深入的了解。

记住，雌性可以通过和几个雄性交配而受益，但是她的诸位爱人都希望她只和自己交配，而他会做得更好。只要这种利益的冲突存在，就会点燃在以下两条战线上进行的进化战。在第一条战线上，雌性的每一个爱人都设法阻挠她的旧爱新欢使其受精，但同时又要确保自己的成功。我们曾经讨论过带刺的生殖器和增加的精子数目，但还有其他的办法。比如，一个雄性可能通过化学物质使其后继者的精子失去作用，或者让自己的精子很难被后来者处理掉。

同时，在第二条战线上，雄性与雌性之间展开竞赛，他进化出一些诀窍以巧妙地掌控她，而她则进化出反控制的技巧。一个明显的、常见的策略就是雄性尽力阻止雌性在他之后拥有其他的情人——你们一定还记得贞操带以及雄性疯狂防范雌性和其他雄性勾搭成奸的手段。但这些手段只能算是小儿科，在许多物种中，雄性还有很多更怪异、更狠毒的办法迫使雌性屈从于他们的意志。这里举几个例子：雄性会试着增加雌性在交配之后的产卵数量；或者增加她对他精子的储藏数量；或者释放一种降低她性欲的药物——这是一种隐性的化学贞操带；或者在她身上涂抹一种"降欲药"——一种使其发出恶臭的化学物质——这样其他雄性就会远远躲着她。总而言之，两性战场上火力强大的武器有很多种。随着新方法的出现，两性之间的战争在不同的物种中朝着不同的方向演进——甚至在同一物种的不同种群中，战争的方向也存在很大差异。

精液——也就是含有精子的液体——是典型的复合混合物，包含许多改变雌性行为的化学物质。以澳洲野蟋蟀为例，其精液中的化学物质会刺激雌性排卵，处女野蟋蟀即使没有经过交配，只要向她体内注入合适的成分，她也会开始产卵。家蝇的精液至少包含 12 种活性蛋白质，有些蛋白质的作用跟麻药一样，可以控制受体的大脑，使她厌恶性行为。果蝇的精液成分更为复杂，至少包含 80 种蛋白质。其中大部分的功能仍然不得而知，但我们可以确定的是，有些蛋白质可以使与雌性交配的前一个雄性的精子失去功效，而另外一些蛋白质可以使自己的精子很难被处理掉，还有一些成分可以使得雌性降低性欲。此外，还有一种叫作性肽（sex peptide）的小分子，可以诱发雌性产生大约 50 枚卵子，并且让雌性对雄性采取一种攻击性的态度。雌性获得了性肽之后的一天之内，如果有任何雄性试图接近她，肯定会被她暴打一顿。

雌雄同体的动物也会加入到这种行动中。以一种四处可见的拉丁文学名叫作 Helix aspersa 的花园蜗牛为例，交配的双方会互相投掷命运之箭：每一只蜗牛都有一个锋利、尖锐的"爱之刺"，如果投中了对方的话，可以刺穿爱人的皮肤。如果这种事情真的发生了的话，"爱之刺"会分泌出一种黏液。这种黏液含有一种改变对方雌性性器的物质，能够拓宽通向储精室的通道，关闭精子分解室的开口，这样一来，自己的精子就可以保留在雌性的储精室以备将来使用，而不是被送入精子分解室破坏掉。

　　雄性对雌性具有影响力这一事实，并不能证明两性之间存在着利益冲突。我们以马鹿为例。在交配季节，雄鹿会把绝大部分的时间用来号叫。雄鹿的号叫音长且低沉，每次号叫都是用一口气。过去，大家认为雄鹿的号叫只是一种对抗，是一场看看究竟谁最强壮的竞赛。如果只是为了恐吓对手，已经妻妾成群的雄鹿号叫的次数未免也太多了。一般情况下，雄鹿每分钟至少号叫2次，而且没日没夜——这就是说每24小时要号叫将近3000次，这还不包括为了显示自己的力气格外足而号叫的次数。让人略感吃惊的是，在雄鹿筋疲力尽之前，他可以号叫几个星期。雄鹿这么做是非常值得的，因为对于雌鹿来说，雄鹿的号叫就是一剂春药：与那些没有听到号叫的同类相比，能够听到雄鹿有力号叫的雌鹿更易发情。这一效果对于双方来说都是有益的。雌鹿在交配期怀孕得越早，在随后的春天生崽就越早，小鹿的存活率也就越高。不仅如此，对雄鹿号叫的回应还可以帮助雌鹿提高在交配期尽早怀孕的概率。

　　如果要说这些春药和壮阳药是邪恶的，那么你必须证明它们是一种操纵行为，而且这种操纵行为会遭到抵抗，也就是说雌性会进行反抗。为了证明这一点，可以安排来自两个距离遥远的种群中的雌性和雄性去约会：如果雌性正在进化出反抗雄性操控的措施，你会看到雌性对于本地的雄性比对来自远方的雄性的反抗更为强烈，因为雌性和后者之间没有直接的共同进化关系（coevolve，两个或两个以上相互依赖的种的进化，每个种适应其他种的变化）。以家蝇为例，你从相距遥远的两个地方——比如说瑞典和美国——分别捕捉雌蝇和雄蝇，然后让他们交配，雌蝇对于来自同一个国家的雄蝇制造出来的"贞节剂"比较有抵抗能力，但对于"老外"制造的"贞节剂"，则抵抗力较弱。

第二个，也是更为有效地揭示两性战争的方法，就是做一个改变潜在冲突的实验。我敢肯定，当你听说科学家正在利用果蝇进行这类实验的时候，一定不会感到惊讶。

其中一项实验，是强迫雌性和雄性结成利益同盟。究竟是怎样做到这一点的呢？在每一代果蝇中，将每对配偶终生关在一起，这样，无论是雄性或者雌性都没有机会和其他果蝇交配。在这种状态下，你可以预料雄性对雌性的控制减少了。相应地，雌性也不会去反抗，因而她们的反抗能力将下降。实验结果一定如此。在经过 84 代的强行一夫一妻制以后，再将雄蝇放回常规的交配场所，结果雄蝇阻止雌蝇和其他雄蝇交配的能力明显减弱。同时，雌蝇也变得更乐意屈服于雄蝇的控制：与那些经历了 84 代混杂交配的雌蝇相比，已经习惯了一夫一妻制的雌蝇会为她们的第一个爱人产下更多的卵，而且之后要经过很长的时间才同意进行第二次交配。

雌性和雄性被强行结成利益同盟的情形，在自然状态下偶尔也会发生，同样是夫妇双方被永远监禁在一起。比如在有些虾类中，雌虾和雄虾会同时被困在维纳斯花篮（Venus's flower basket，偕老同穴属的一种海绵）中，这是一种生活在深海中的透明海绵。这种海绵的形状像一个带着盖子的羊角，这得归功于它那精致、漂亮的网络状骨骼。幼虾钻入维纳斯花篮，在里面缓缓爬行。一旦长大，他们就永远不可能钻出维纳斯花篮。表面看来，他们都是成双成对地被困在维纳斯花篮里，但我怀疑他们把后来者杀死了。没有人知道他们的性爱是否一生和谐，不过根据上文提到的战争法则，我猜他们是和谐的。

让我们再看看交战中的雌雄果蝇，第二个实验的结果更为引人注意。通常，两性之间的冲突很难清楚地展现出来，因为雄性和雌性的进化过程是一致的。在这个实验中，不许战斗的一方——也就是雌性——进行反抗。凭借奇特的基因技术，雌性（而不是雄性）的进化受到阻碍。这就使得雄性可以根据一个固定的目标——而非动态的目标——调整自己。在这种情况下，雌性无法对雄性的控制采取反控制措施，而雄性的进化也不再受雌性反控制能力的约束。在雌性失去反控制能力之后，雄性就朝着一个有利于自己的方向进化。

实验结果一目了然。恐怕连 40 代都用不了，雄蝇就已经成了超级雄蝇，改变了整个战况。雌蝇无力反抗他们的引诱，很容易被这些家伙俘获，即使雌蝇仍然接受普通雄蝇的性肽的影响。与此同时，超级雄蝇更擅长勾引一夫一妻制的雌蝇，因为雌蝇在尝到甜头之后不会再愿意和普通雄蝇交配。即使一只雌蝇最终和普通雄蝇开始交配，超级雄蝇也有办法让自己的精子保留下来。更严重的是，超级雄蝇有可能置配偶于死地，这是因为他们的精液有毒。所以，如果你说的那种雄蝇是从这种实验室中逃出来的，我坚信他已经突破了你所有的天然防线。

这让人想起一个有趣的问题：如果男人进化 40 代，而女人保持不变，那么他们是否将成为虽然危险但魅力令人无法抵挡的超级情人？我真想知道答案。

亲爱的塔蒂亚娜博士：

我恐怕成了一只赶不上潮流的梅氏长海胆（拉丁文学名为 *Echinometra mathaei*）。在我这个物种中，精子都是可怕潮流的牺牲品：他们不断改变外衣。有传闻说，这是因为卵子都是些势利鬼，只有那些最时尚的精子才被允许刺穿她们。我怎样才能找到今年的流行趋势呢？我能改变我的精子以赶上潮流吗？

> 一只极度渴望时尚的海胆
>
> 来自夏威夷

　　跟大多数的传闻一样，你听到的这个传闻也是半真半假。让我简要告诉你究竟是怎么回事吧。当然，你知道，受精的第一步是精子和卵子必须结合。在你这个物种中（实际上在所有的海胆中都是如此），精子通过结合素（bindin，存在于海胆精液细胞中的蛋白质）与卵子结合。你听说的精子不停改换外衣，实际上是他们在不停地改变结合素。客观上来说，结合素的确不停地、快速地发生着变化。但你也不要激动，这种快速只是相对而言的。你那个牌子的结合素会非常流行的，甚至会延续到你的外壳被暗礁搅碎数千年之后。

　　你可能会奇怪，既然结合素的变化并不是迫在眉睫，为什么大家要小题大做呢？嗯，原因就是你的结合素类型对于梅氏长海胆的身份来说是至关重要的。我不是夸张。看一下这个例子吧：你的近亲椭圆形海胆（oblong sea urchin）跟你一样，也是将卵子和精子排放在水中。原则上说来，你的精子有可能遇到雌性椭圆形海胆的卵子。在这种情况下，什么也不会发生，因为你的精子无法使她们的卵子受精。这是因为你的结合素与来自椭圆形海胆的卵子形状不相符。

那又怎样？关系大着呢。生殖是物种概念的核心内容，物种的定义就是一群可以杂种繁殖的生物体。任何阻止杂种繁殖的机能都将导致新物种的产生。比如，两个生物群落的长时间自然隔离将会产生新的物种，因为每个生物群落都以自己的方式进化。因此，一些岛屿和湖泊（反过来说，湖水是被陆地所包围）拥有各种奇异的植物群落和动物群落。

但是，新物种也可以通过基本的生殖不亲和性（basic reproductive incompatibility）产生——比如卵子和精子无法识别对方。继续回到你的情况，结合素和卵子交互过程的改变本身就足以产生新品种的海胆。要想看看这种情况是怎样发生的，首先就假设雄性梅氏长海胆之间唯一的区别就是他们产生不同类型的结合素。为了便于理解，我们假设结合素仅分为两种：A 型和 B 型。我们再假设雌性梅氏长海胆之间唯一的区别是她们的卵子仅与 A 型结合素或者 B 型结合素具有亲和性。如果这种亲和性强大到有些卵子只能被携带 A 型结合素的精子授精，有些卵子只能被携带 B 型结合素的精子授精，那么梅氏长海胆将产生两种类型，而不是一种类型——尽管在其他方面，每个梅氏长海胆都是一样的。

但事情还没有发展到这一步，不过确实是在朝着这个方向发展。雄性梅氏长海胆的确会产生截然不同的结合素，而卵子也的确偏好某种结合素。但是，这种相容性还没有达到排斥其他类型结合素的地步。只要不同的结合素与卵子的互动过程继续偏离，梅氏长海胆必将具备这种排他性。的确，这一过程在此之前就已经开始了。如果你拿自己和椭圆形海胆相比较的话，你就会发现你们之间最大的遗传区别——是你们在卵子与精子交互作用过程中的控制存在差异。而在其他方面，你们之间的区别微不足道。所以你看，结合素的快速进化的确是你们物种分家的原因。

但奇怪的是，在许多其他生物体中，卷入了生殖过程中的蛋白质——也就是牵涉精子和卵子的产生过程或者精液的成分等等的蛋白质——同样进化迅速。以哺乳动物为例，在卵子的表层发现了两种在受精过程中与精子发生相互作用的蛋白质，进化速度也非常惊人。在果蝇中，一种决定雌蝇后来的情人是否能将前一个情人的精子除去的蛋白质进化的速度极快。但演化速度的冠军是细胞溶素（lysin），这是一种决定鲍鱼的精子是否能进入卵子的蛋白质。它的进化速度比 γ 干扰素（gamma interferon）快了25倍。γ 干扰素是哺乳类动物免疫系统中非常重要的一种蛋白质，是目前已经发现的哺乳类动物的蛋白质中进化速度最快的。

这就向我们提供了两个有趣的事实。第一个事实是，许多与生殖有关的蛋白质都以一种非同寻常的速度进化；第二个事实是，这些蛋白质的进化有助于产生新的物种。如果将两个事实放在一起看的话，只要我们能够知道为什么与生殖有关的蛋白质进化速度如此之快，我们就能更多地了解物种起源的推动力。

与生殖有关的蛋白质进化速度非常快的一个原因，可能是两性之间的战斗。这个理论很具有吸引力。正如我们所看到的，投入两性战役的雄性和雌性进行着激烈的进化军备竞赛。在昆虫中，绝大多数的雌性都不止和一只雄性交配（这正是战争的先决条件），因而新物种出现的速度比那些绝大多数雌性只交配一次的物种要至少快 4 倍。

这一发现是令人鼓舞的，而且是建立理论的良兆。但要说现在就能得出什么结论还为时太早。为了证明两性之战正是驱使新物种产生的原动力，我们就必须拿出证据证明某个雄性的生殖蛋白质的快速进化，会促使某个雌性的生殖蛋白质也相应快速地进化，反之亦然。我们提出一个假设案例：假设海胆的精子通过进化使刺穿卵子的速度加快。从卵子的角度来看，这可是一个坏消息，因为更快的穿刺速度可能意味着不止一个精子能成功进入一个卵子。但卵子并不想有一个以上的精子进入，因为这样会阻碍胚胎的发育。因此，卵子如果能阻止精子的快速进入，就能具备某种优势。但到目前为止，我们只发现了一个精子和卵子的蛋白质相应迅速进化的例子。同时，这个结果告诉我们，与其说双方是在进行一场战争，还不如说双方是在参加一场竞赛。

正如我刚才所说的，决定鲍鱼精子能否进入鲍鱼卵子的蛋白质——细胞溶素——以一种创纪录的速度进化，因此，鲍鱼也以一种令人吃惊的速度分离出许多新的品种。跟海胆一样，鲍鱼也是将数以千计的精子和卵子排在水中。每一个鲍鱼的卵子都被一种叫作卵黄（vitelline）的纤维状物质包裹着。为了进入卵子，精子必须穿过卵黄，而这就必须依靠细胞溶素来完成。因此，精子所携带的细胞溶素首先必须能够与卵子的包裹物相结合。而卵子包裹物的变化，使得细胞溶素与包裹物的结合变得十分困难。如果细胞溶素无法与卵子包裹物结合的话，携带它的精子就无法进入卵子。所以，卵子包裹物的变化应该迅速地被精子携带的细胞溶素所适应，使之做出相应的改变。

　　事实证明，细胞溶素的确是根据卵子的变化而进化的。但是，卵子却不是根据细胞溶素的变化而进化。卵子包裹物的变化是随机性的，所以细胞溶素必须紧随其后发生变化。这实在让人费解：为什么细胞溶素以创纪录的速度进化，而卵子的变化却仿佛置身事外、我行我素？谜底就在于卵子包裹物的特性，它是由好几种成分构成的复合物质。其中最独特的物质是一种叫作卵黄包裹物受体（vitelline envelope receptor for lysin，简称 VERL）的大型分子，细胞溶素就是与这个分子结合。这个受体由某个重复 28 次的单体组成。

　　单体重复（repeated unit）经常导致遗传问题。比如说，假设一个基因包含一段由同一基因字母或者一对基因字母反复排列组成的延伸，当需要对基因进行复制的时候——比如说制造精子或者卵子——细胞的基因复制方式是依据 DNA 分子对基因进行复制。这一部分不会出问题，问题出在基因的复制体系开始反复复制之后。复制体系经常出错，通常是漏掉字母，而且重复次数不是太多就是太少。这就好比你在没有标点符号而且不能回头检查的情况下，重复 78787878787878787 这样一组数字。是的，这种错误会造成可怕的灾难。人类有几种基因疾病——比如说一种叫作亨廷顿舞蹈症的遗传神经退化疾病（患者逐渐丧失说话、行动、思考和吞咽的能力）——就是因为基因在复制过程中序列发生改变造成的。

至于说到鲍鱼的 VERL，需要重复的字母非常长，而且不是每隔两个字母就重复，而是每隔 460 个字母重复一次，所以在复制的过程中不太可能出错。但仍然会发生一些意外。当一个重复单体过于庞大的时候，通过协同进化（concerted evolution），一个单体中出现的基因突变可能逐渐传递给其他的单体。我们现在还不太清楚为什么会发生这种情况，但其结果是严重的。假设在 VERL 的 28 个单体中的一个发生了突变，再假设这种变异非常严重，使得细胞溶素无法辨认这个单体，但在卵子看来，这无关紧要，因为每个 VERL 分子的另外 27 个单体功能正常，所以，这个变异并不会影响卵子受精的机会。最开始，在精子看来这并不会有什么不同，因为精子仍然能够找到一个没有变异的单体完成与卵子的结合。但是，如果变异开始在其他单体中传播的话，那么任何能够产生认识新单体的细胞溶素的雄性将具有繁殖优势。我认为，恐怕正是这个被动的过程驱使细胞溶素以一种异常的速度进化，并且导致鲍鱼分裂出新的品种。所以说，鲍鱼参加的不是一场普通的战斗，而是一场进化的追逐战。

这个结果并不能说明"两性之间的冲突是物种起源的重要起因"这一观点是错误的。在获得更多数据之前，我们要避免匆忙地给出结论。至于说海胆，由于对卵子知之甚少，所以我还不能说你是否就是一个好色之徒、情场老手或者其他的什么。如果我知道了答案，一定告诉你。

亲爱的塔蒂亚娜博士：

我的儿子是一头出类拔萃的海牛（manatee），我很是为他骄傲。但有一个问题——他不停地亲吻同性。我怎样才能矫正他的行为呢？

不希望儿子成为同性恋的海牛妈妈

来自佛罗里达群岛

需要矫正的不是你的儿子，而是你。同性恋行为在所有动物中都存在。看看倭黑猩猩（bonobo，生长于非洲刚果河以南）——也叫小人猿——他们过着一种非常好色的生活，但奇怪的是，这种猩猩一点不比普通猩猩的个头小。倭黑猩猩极其好色，雌性倭黑猩猩之间喜欢互相做爱取乐。如果一只雌性倭黑猩猩躺着，另一只雌性倭黑猩猩很可能会爬上去，与之互相摩擦生殖器。我们再来看看生活在南极洲的一种体态娇小的阿德利企鹅（Addie penguin），雄企鹅跟绝大多数的鸟类一样，没有阴茎，但这并不能阻止他们私密的同性性行为。据记载，两只雄性阿德利企鹅互相鞠躬，就跟他们对待雌性企鹅一样，然后一只趴在地上，抬起嘴巴和尾巴，就跟一只卖弄风情的雌企鹅一样，另外一只雄性企鹅会与他交配，并且会将精液射进他的生殖腔内。之后，他们会互换角色。我们再来看看海豚。宽吻海豚（bottle-nosed dolphin）在性伴侣的选择上极其博爱。经常可以看到雄海豚与海龟（他们将阴茎插入海龟龟壳后面的柔软组织中）、鲨鱼甚至与鳗鱼交配。鳗鱼？没错！海豚的阴茎在勃起之后，在末端有一个钩子，许多海豚就用这个钩子钩住奋力扭动、挣扎的鳗鱼。所以，对于海豚来说，雄性之间的性行为毫不令人惊讶，他们将阴茎插入对方的生殖器开口。亚马孙河河豚（Amazon River dolphin）更过分，他们有时候甚至将阴茎插入另一只河豚的出气孔。所以，你儿子只是有一点同性之间的亲吻行为，我认为没什么可担心的。

他们为什么会搞同性恋呢？也许是因为他们喜欢。短尾猴（stump-tailed macaque）是一种尾巴粗短，生活在亚洲的群居猴类，雌猴之间通过模仿异性性行为的动作也可以达到高潮。动物们搞同性恋也许是因为同性恋行为具有社交功能。在狒狒中，雄性之间的同性性行为似乎有利于团队合作。那些互相爬上对方身体、抚弄彼此生殖器的雄性，更能合作对抗其他群体。也许，同性性行为还有反社会功能。刀嘴海雀（razorbill）是一种生活在北方的海鸟，有着黑白相间的羽毛，长得像角嘴海雀（puffin）。在刀嘴海雀中，雄鸟爬到另一只雄鸟的身上被视为一种挑衅的表现。雄性刀嘴海雀很不喜欢其他同性爬到自己身上，他们也不会勾引同性这么做，即使这种行为真的发生了，他们也不会顺从。他们不是奋力反抗，就是逃跑回避。经常被其他同性骑的雄鸟会变得十分胆小，不敢加入交配竞技场的竞争。

　　同性性行为有可能是源于绝望。曾有人看见两只章鱼在交配，他们不仅是同性（都是雄性），而且属于不同的种类，在这种情况下，绝望是最符合逻辑的解释。这些章鱼生活在 2500 米深的海底，所以可以想象，他们遇见其他章鱼的机会很少。对于这些独特的章鱼我们几乎一无所知，他们的那次约会，使得科学家第一次知道世界上还存在这样两种章鱼。通常，雄性章鱼在进入性成熟期之后，他们剩下的寿命也就屈指可数，所以如果配偶难觅，就不能错过任何机会。有几种海鸥，在雄鸥很少的时候，雌鸥会结成伴侣。两只雌鸥一起筑巢，一起保卫家园，帮助对方孵卵。尽管雌鸥之间也会互相爬到对方身上，做一些她们和雄鸥做的动作，但没有一方会扮演雄性的角色。你可能会惊讶，她们孵化的竟然是雄鸥和群体中其他雌鸥产下的卵。与传统夫妇相比较，雌鸥"夫妇"产的卵要少，孵育出的小鸥也要少，但聊胜于无，因为如果没有任何形式的伴侣，她们不可能养育出任何的后代。

在绝大多数的物种中，同性性行为并不能繁殖后代，所以同性恋能够继续下去就显得很奇怪了。的确，在人类中，这一点被作为同性恋不可能是遗传的证据。但这种行为的确能够遗传。事实上，从进化论的观点来说，同性性行为只有满足了以下三个条件，才是令人费解的：第一个条件，这种行为必须具有遗传基础。如果没有遗传基础，同性恋就不受物竞天择规律的控制。第二个条件，同性恋必须是排他性的。也就是说，至少有些从事同性性行为的个体，一定是从来没想过和异性交配的单身汉或者老处女。如果他们有过性行为，那么同性恋基因可以在种群中得到传播就很好理解了。第三个条件，就是同性恋在整个种群中占有相当比例。如果这种行为在种群中并不多见，就只能被视作偶发事件。但如果它是一种带有普遍性的行为，那么一定有什么原因使得同性恋基因以一定的频率出现，哪怕带有同性恋基因的个体从来没有进行过繁殖。

那么，这三个条件是否都满足了呢？说到第一个条件，我可以立即回答说，我们对任何生物中的同性恋行为的基因基础知之甚少，就更不要说海牛了。在人类中，到目前为止，还没有找到与同性恋有关的基因。但有些研究发现了两者之间的联系，另外一些研究则没有发现两者的联系。实际上，在果蝇中，一些基因的变异会影响果蝇的同性恋倾向。有些变异会使雄果蝇不分雌雄，见谁追谁。而有些变异使雄果蝇只追求其他雄果蝇：把几只雄果蝇关在一起，他们将互相追逐，形成环形关系。但奇怪的是，有一种变异造成雄性只有在灯亮的时候是双性恋，但只要关上灯，他们的欲火就熄灭了。看来，这些果蝇不喜欢黑暗中的性爱。当然，你很难以果蝇的同性恋行为为依据推导出人类或者海牛的同性恋行为。但我敢打赌，哺乳类动物的性倾向最终将被证明具有某些遗传基础。

至于第二个条件，我们对于同性恋对异性恋行为的排斥程度也知道得不多。在今天的人类社会，尤其是在西方国家，有些人毫无疑问终生都是同性恋（排他性），但这种情形究竟有多少，我们知之甚少。对于绝大多数的同性恋者来说，结婚或者传宗接代的社会压力迫使他们完成生殖过程。而在有些动物中，我们还不能这么说。大家就从来没听说过只爱同性的海牛。在捕获的野生日本猕猴（Japanese macaque）中，雄猴和雌猴有时候为了跟最受欢迎的雌猴交配而大打出手。（这种猕猴很会利用自己的长尾巴，雌猴经常用自己的尾巴摩擦自己的阴蒂。）在捕获的野生恒河猴（rhesus monkey）中，雄猴有时候宁可跟同性肛交，也不愿和雌猴交配。但如果有选择的机会，这些猴子是否仍偏爱同性、放弃生育，则不得而知。至于最后一个条件——同性恋的普遍性问题，我们对于同性恋在动物中的普遍程度一无所知，甚至在人类当中，测度纯粹同性恋的普遍程度也是个很棘手的问题。

为了便于讨论，我们假设至少在有些物种中，这三个条件都获得了满足：同性恋是遗传性的、排他性的，是一种普遍现象。那么什么能够阻止同性恋基因的消失呢？或者用更正式的语言来说，就是怎样才能使基因在种群中得以延续呢？

传统的解释是，如果同性恋个体可以增加他们亲戚的繁殖成功机会，自己的基因就可以在整个种群中得以延续。这是因为有血缘关系的个体之间共享一定比例的基因。比如说同卵双胞胎之间所有的基因都是一样的。一个孩子拥有其父母各一半的基因，非孪生的兄弟姐妹之间平均拥有一半的共同基因（我之所以说"平均"，是因为每一个孩子都从父母那里各获得一半基因，但这一半是随机取得的）。同样，他们第一代的堂（表）兄妹，平均有八分之一的基因相同。以此类推。

这就意味着，你不必通过亲自繁殖来传播你的基因，你可以通过帮助你的亲戚传播他们的基因，使你的基因获得传播。这一理论常被用来解释动物世界中的那些奉献精神，比如蚂蚁、蜜蜂和黄蜂中的一些成员为了群体的利益而辛勤劳作，从来不参与繁殖过程。但是，没有证据表明同性恋实际上通过一种间接方式传播基因。在有些鸟类和哺乳类动物中，的确有年轻一代帮助父母照料弟妹的情形，但没有证据表明这些帮手倾向于成为同性恋。相反，他们一般会在下一个季节繁殖他们自己的后代。

科学家对上述观念的修正源自动物社会生活的另一个层

面。在一些高度组织化的群体中，比如白蚁、鼓虾（snapping shrimp）、狼以及裸鼹鼠（naked mole rat），只有极少数的个体可以繁殖，其他的个体都是不参加繁殖的工人。至少在狼和裸鼹鼠中，主劳力不繁殖不是因为他们不能生育，而是因为受到了群体中优势同伴的压制。原则上，在白蚁群落中，同性恋有可能是繁殖能力受到压制的结果，同性恋个体与白蚁中的兵蚁一样，都是非生育阶层。这种说法适用于那些必须群居才能生存的生物，自然选择的作用施加于群体，而不是个体。如果那些有同性恋个体的群体比那些不包括同性恋个体的群体更有生存优势，从进化论的观点来看，同性恋特质将会在群体中得到保持。比如说，如果同性恋从事的活动——如狩猎或者保护群体不受邻居的偷袭等——有利于整个群体，那么这个观点就是正确的。但需要再次指出的是，用这个观点解释所有物种中的同性恋行为还缺乏证据。此外，这一观点还存在理论缺陷。除非这个群体是以家庭为单位的，正如白蚁、鼓虾、狼以及裸鼹鼠一样，不然压抑繁殖的力量就会削弱。毕竟，与统治者不相关的个体没有任何理由压抑自己的繁殖能力。

还有一个说法是，如果同性恋基因是物竞天择的结果，那么导致同性恋的基因也可以在物种中得以维系。这种情形可以通过两种方式发生。第一种就是杂合优势（heterozygote advantage）。假设一个基因有两种形式，而你的基因都是成对的，也就是父母双方各提供一个，那么，你的基因就可能是第一型，也可能是第一型和第二型各有一个，还可能两个都是第二型。遗传学家认为，第一型和第二型各有一个，与两个第一型或两个第二型相比存在杂合优势。一个经典的例子就是人类抵抗疟疾。红细胞内的血色素随着血液流动将氧气携带到身体各个部位。血色素基因有一个变种，也就是镰状细胞（sickle cell），血色素分子一旦释放出氧气，就会变形。如果你的血色素基因一式两份都是镰状细胞，那么你就会患上严重的贫血症，在这种情况下，如果不进行深入的治疗，你距离"翘辫子"也就不远了。但如果你的血色素基因中只有一个镰状细胞，你对疟疾就具有抵抗力。唯一的缺点，也是非常严重的一个缺点就是，如果父母双方都具有疟疾免疫力的话，会有四分之一的后代死于镰状细胞贫血症。

至于说到同性恋，我们再次假定某个基因有两种形式。如果成对的基因都是第一型，那么你就是异性恋；如果两个都是第二型，那么你就是同性恋——从基因的角度看，就是不育。但如果第一型和第二型各有一个的话，你就拥有了某种巨大的优势——比如说，你可能成为一个生殖能力惊人（多子多孙）的异性恋。在我看来，这个理论并不能全面解释同性恋的成因，理由有以下三条：第一，只有很少杂合体优势的例子得到了证明。第二，在疟疾的例子中，杂合体避免了你的死亡，但从进化论的观点看，如果你要生育，就要付出四分之一的后代会死亡的代价；但在同性恋中，如果考虑物竞天择因素，我们很难想象成为异性恋的优势大到可以弥补你的几个子孙不育所带来的损失。第三，同性恋似乎并不是由单一基因所控制的。

我设想出另外一种方向来说明同性恋基因可能由于物竞天择的原因而得以延续：通过两性之间阴险的冲突形式来解释。也就是说，假设存在一种能使一种性别中的成员具有同性恋行为，却在另一种性别中导致强大生殖力的基因。从理论上说，这是有可能发生的。我们知道，在一种性别中有益的基因会得到传播，哪怕它在另一种性别中是有害的。在某些情形下，即使这类基因对一种性别的益处很小，对另一种性别的害处却很大，其仍然能够传播。因此，我们假设有一种基因，在男性体内引发排他性的同性恋倾向，而在女性体内则导致非同寻常的生殖能力。如果是这样的话，这种基因就不仅会得以保留，甚至还可以被传播——尽管它对男性的生殖不利。相关的基因越多，整个过程似乎就越合理。它也应该遵循男同性恋和女同性恋的产生是由不同的基因组导致的这一假说。

让我们先放下理论，看看有没有什么数据支持。尽管这一结果与同性恋之间的关系并不显著，但有实验证明，对一种性别有益的基因组可能对另一种性别有害。跟往常一样，本实验使用的动物还是黄果蝇。通过最先进的基因技术，科学家能够从不同的雌性果蝇那里获得卵子，通过有着相同遗传基因的精子使卵子受精。在卵孵化之后，所有的果蝇——不论雌雄——都有一组相同的基因，一组不同的基因。将这些果蝇与任意挑选的、经过正常方式繁殖出来的果蝇相比较，科学家就能评估拥有一组特定的基因是否有益。首先是比较幼虫（以幼虫能否长大成年作为衡量的标准），之后是比较成年果蝇（通过观察他们能拥有多少后代来衡量）。

科学家测试了40组不同的基因，结果很明显。首先，帮助你在幼虫阶段获得成功的基因组，无论对雄性还是对雌性都是有益的。这就意味着，幼虫状态的生命需求不论性别，都是一致的。至于成年果蝇，实验证明，对雄性有益的基因组与对雌性有益的基因组是不同的。看来在一种性别身上有益的基因在另一种性别身上的确是有害的，而且在一种性别身上所带来的益处越大，在另一种性别身上所带来的害处也就越大。

在某种程度上，这些研究结果证明了我提出的用于解释同性恋的机制至少看起来是合理的。不仅如此，基因在一种性别中有益而在另一种性别中有害的可能性，意味着无论你是果蝇、人类还是海牛，两性之战都是不可避免、无法和解的永恒之战。

　　姑娘们，当你们抛弃旧爱与新欢上床的时候，请停下来想一下，你的情欲可能引发无尽的进化危害。当你在他的臂弯中沉沉睡去的时候，想象一下，经过千万年打造出的各种武器正在派上用场。请仔细考虑一下，你和你的男人是否在新物种的逐渐生成中不经意地扮演着某个角色，而且祈祷着你的基因有利于你的性别。唯一不用参与这场战争的生物是那些稀世之珍——真正实行一夫一妻制的生物。我们在下一章就来说说这种生物。

第十章　爱到地老天荒

在这个世界上，地老天荒、海枯石烂的爱情实在不多。谁能拥有这种爱情？在什么样的情况下，才能拥有这种爱情？

亲爱的塔蒂亚娜博士：

多年来，我和我丈夫相濡以沫，但您的专栏让我们感到震惊。作为黑鹫[①]（black vulture），我们从来没有做过您在专栏中经常鼓吹的那些恶心事，而且我们也不认为其他人会这么做。我们建议您应该捍卫忠诚，否则就闭嘴！

一头坚决捍卫家庭价值观的黑鹫

来自美国路易斯安那

请记住：自己的屁屁只有自己觉得香。如果你不介意我实话实说的话，有些人可觉得喜欢吃腐肉也够恶心的。你批评我在文中很少赞同甚至讨论一夫一妻制，的确如此。但我必须坦承，真

[①] 黑鹫：一种生活在北美洲中部和南美洲的食腐肉的鸟，有黑色羽毛和黑色秃头。

正的一夫一妻制十分罕见，甚至罕见到在生物学中，这属于最不正常的行为之一。

让我告诉你真实的情况好了。直到 20 世纪 80 年代之前，人类还相信 90% 以上的鸟类至少在繁殖期实行一夫一妻制，有些夫妇的感情甚至是终生不渝。但最新的基因技术和血缘测试推翻了这个说法，忠诚的荣光被收了起来，而且不仅仅在鸟类之中是如此。在仔细观察其他那些著名的实行一夫一妻制的族群——比如说长臂猿——后，我们才知道他们远不是什么正人君子。现在，动物只要是成对成双地生活在一起，就被视作单配（一夫一妻），但这一术语与他们的性生活无关。只要发现一个遗传性的单配动物，就可以成为头条新闻。

究竟谁能上头条新闻呢？基因测试显示，只有少数看起来对感情忠贞不渝的动物才够得上条件，你们黑鹫就是其中的一种。我说"看起来"，是因为对这一问题的研究时间很少覆盖一个以上的繁殖期，或者研究对象很少超出几十个家庭，如果有更多信息的话，恐怕一切结论都要被推翻。尽管存在着这样的风险，基因数据显示寒鸦（jackdaw）——一种貌似小乌鸦，头顶有灰色羽毛的鸟类——是真正地实行一夫一妻制；帽带企鹅（chinstrap penguin）、长耳鸮（long-eared owl）也都堪称模范；非洲最小的羚羊之一喀氏小羚（kirk's dik-dik）似乎也是一个好例子；加州鼠（California mouse）也享有和草原田鼠一样的好名声；有些白蚁也是忠诚的爱人。以上提到的这些动物之间除了对配偶非同寻常地忠诚以外，并没有明显的共同点。那么就让我们后退一步，想想在什么时候一夫一妻制——男人和女人永远在一起——才有可能成为某群生物所有成员不变的策略呢？

简单说来，只有当一夫一妻制给雄性和雌性同时带来最大好处的时候，才可能成为某一群生物所有成员的选择。那就意味着，只有当有着忠诚关系的成员比那些朝三暮四的成员有更多后代的时候，一夫一妻制才是稳定的。忠贞不渝之所以罕见，是因为这种忠诚很少符合某一性别的利益，更别提同时符合两性的利益了。

对于某些物种中出现一夫一妻制的原因，最常见的解释是雌性没有能力单独抚养后代。我将这个理论称为"一夫一妻制的贤妻理论"（Good Wife Theory of Monogamy）：雌性遵守妇道，雄性婚外情的机会就会减少。那些心怀不轨的花花公子将无从下手，因为每个雌性由于害怕失去配偶就无法抚养孩子，而对配偶保持忠诚。换句话说，一夫一妻制是雌性的阴谋，是用来控制雄性的。

可是，这个理论的适用范围有限。第一，它假设雄性只要有机会就会拈花惹草，所以忠贞并不符合他的利益。但是我们看到，这个假设在很多情况下都是错误的，性的忠贞是符合雄性利益的。第二，即使雄性不帮助雌性抚养后代，一夫一妻制还是会进化出来。看看喀氏小羚的例子，公羊只会像跟屁虫一样跟在母羊后面，她到哪儿他就跟到哪儿，压根儿不会帮助母羊做任何事，甚至不会提防袭击小羚羊的掠食者。非洲隼雕（African hawk eagle）能够对小羚羊下毒手，却奈何不了成年羚羊。只有母羊才会对老鹰的鸣叫做出反应。

"贤妻理论"的第三个缺陷是，雌性需要雄性的帮助并不能保证她的忠贞不渝。以肥尾鼠狐猴（fat-tailed dwarf lemur）为例。这种体形跟松鼠相仿、在夜间活动的灵长类动物生活在马达加斯加岛。在旱季来临的7个月里，肥尾鼠狐猴处于蛰伏状态，蜷缩在树洞里。与其他的冬眠动物一样，在"关灯"睡觉之前，蜷缩者会先养上一身的膘，他们将脂肪储藏在尾巴的根部。在DNA测试技术出现之前，肥尾鼠狐猴被视作一夫一妻制的典范。雌猴和雄猴成双成对地生活在一起，夏季他们一起呼呼大睡，在雌猴休息或者出去采集食物的时候，雄猴还会帮着照看小猴。雌猴显然不能仅仅依靠自己的力量来抚养后代。但基因测试表明，不忠现象在肥尾鼠狐猴中普遍存在，雄猴帮助抚养的经常是野种。当然，这并不是说忠贞与夫妻共同抚养后代之间从来就没有联系。但是当忠贞与夫妻一起抚养后代之间发生联系的时候，一夫一妻制显然是原因——正如"贤妻理论"所说的——而不是结果。

现在让我们来看看其他产生一夫一妻制的原因。假设雌性非常稀少，那么，找到一个雌性的雄性最好的选择就是和她待在一起，让他的竞争者无法染指这个雌性。的确，如果雌性分散在各地，那么下面两个因素中的任何一个都使长期的一夫一妻制对雄性具有很大吸引力。第一个因素是，如果雄性离开这个雌性就必须冒很大风险，也就是说雄性再找一个女朋友必须经过漫长或者危险的旅程，那么维持一夫一妻制的诱因就越大。我将其称为"一夫一妻制的危险理论"（Danger Theory of Monogamy）。第二个因素是，假设一个雌性的繁殖间隔期十分短暂，如果一个雌性将很快再次进入繁殖期，那么对于雄性来说，无论是否有风险，都没有理由离开她开始新的寻爱之旅。我将其称为"一夫一妻制的除外理论"（Pop-'Em-Out Theory of Monogamy）。

苏卡达螳螂虾（拉丁文学名为 *Lysiosquilla sulcata*）就是一个为了避免危险而实践持久爱情的典型例子。他们通常是埋伏起来，用令人恐惧的前爪刺穿经过的鱼类。尽管还没有对这个案例进行遗传性的研究，但一夫一妻制的间接证据却很充分。在进入青春期后，雌雄螳螂虾就配成了对。随后，每对夫妇都在海床的沙里挖筑洞穴。由于这些螳螂虾是躲在隐蔽的洞穴入口捕猎——夫妇中的一个埋伏在洞穴中等待猎物，只把眼柄露在外面进行窥探——所以夫妇俩从来都无须迈出洞穴一步。实际上，离开洞穴几乎意味着死亡。尽管绝大多数的螳螂虾身上都披有坚硬的铠甲，但苏卡达螳螂虾却没有，他们只有柔软的身体——这很适于穴居，却无法抵抗猎食者。即使有一只螳螂虾徜徉在海底而没有被吃掉，他也不可能挖掘一个新的洞穴。为了防止洞穴坍塌，这种动物会分泌一种黏液以稳固沙粒。在成年之后，他们就失去了分泌这种黏液的能力，所以任何想放弃一段感情的螳螂虾都不可能一走了之，然后挖一个新的洞穴。因此，不管双方的关系怎么样，哪怕已经由相看两不厌变成了看着对方就郁闷，还是留下来比离开好。

现在，让我们再看看另一个例子。一个雌性凭什么应该忍受某个在四周游荡的呆子呢？所以，要想讨好雌性，就要帮她的忙。如果一个雌性因为有一个雄性在身边而获益良多，她很可能就不会那么凶巴巴地对待他。比如说，他可以帮女朋友捍卫家园，或者帮她照料小宝宝。坎贝尔侏儒仓鼠（拉丁文学名为 *Phodopus campbelli*）正是这么做的。这种仓鼠生活在蒙古的干旱地带。他们搜集草籽，然后储存在脸颊部的袋子中，一返回洞穴，他们就立马卸货——用自己的前爪将种子从袋子里挤出来。雄鼠是非常贴心的父亲，在雌鼠生产的时候还扮演接生婆的角色（到目前为止，这是我们已知的唯一会帮助生产的雄性哺乳动物）。雄鼠帮助小仓鼠脱离产道，打开小仓鼠的鼻孔使他们能够自由呼吸，还把他们舔干净。此外，他还会吃掉胎盘，而这种行为通常是雌性的嗜好。与一夫一妻制的"除外理论"相一致，雌性坎贝尔侏儒仓鼠是不会生活在一起的，各自有各自的势力范围，不会交叠。

而且，她们是多育的种畜，在一年之内，她们能产 18 窝崽，每窝从 1 只到 9 只小仓鼠不等。相反，她们的近亲短尾侏儒仓鼠（拉丁文学名为 *Phodopus sungorus*）在一年之中只有少数几个月可以繁殖，而且雄鼠不会关心下一代，也不信奉一夫一妻制。

　　还有其他原因会导致一夫一妻制的产生吗？当然有。实行一夫一妻制的生物对于他们伴侣以外的动物采取一种攻击性的态度。一般认为，他们采取攻击性态度是因为他们是采取一夫一妻制的动物。但有些时候，他们却是因为攻击性态度而实行一夫一妻制。假设对同性具攻击性的某个动物比那些对同性态度和蔼的动物有更多后代得以存活，那么，一夫一妻制就是攻击性态度的副作用，这就是"一夫一妻制的反社交理论"（Sociopath Theory of Monogamy）。斑节虾（banded shrimp）就是这样一个例子。这种动物看起来像糖果，触角长长白白，像棉花糖。他们的身体以及钳子都是白色，但带有红色条纹。斑节虾一般都是成双栖息、互相喂食，在伴侣蜕皮的时候还会为其站岗守卫。一对斑节虾中，无论是雄虾还是雌虾，对于同性都极其暴戾，不把对方打死誓不罢休。我知道有人就是喜欢这个。

　　一夫一妻制还可能在一方的欺骗或者遗弃行为导致双方生殖完全失败的时候发生。这就是一夫一妻制的互相毁灭理论（Mutually Assured Destruction，MAD）。犀鸟（hornbill）就是互相毁灭理论的最好例子。在整个非洲和亚洲都有这种鸟的身影，但他们的外形与身材各异，全世界大约有 45 种犀鸟。这种鸟有着巨大、弯曲的鸟喙，喙的顶部有一个角状盔形物，所以很容易识别。甚至不需要遗传学的证据，就可以看出犀鸟采取的是一夫一妻制。在许多犀鸟科属鸟类中，雄鸟和雌鸟只有互相合作才能成功生育后代。在繁殖期开始的时候，雌鸟爬进鸟洞，然后自己或者是雄鸟将洞口封住，只留下一个小缺口，以便她的嘴能伸出来。在雌鸟下蛋、孵蛋的时候，可就全指望雄鸟给她喂食了。在小鸟孵化出来之后，雄鸟更要负责全家老小的食物，这可是一个非常费力的工作。以花冠皱盔犀鸟（wreathed hombill）为例，雌鸟在鸟巢中会待上 137 天。在她开始产卵后不久，她的飞羽（鸟翼或鸟尾上维持飞行所需的相对大且坚硬的羽毛之一）就会全部脱落，如果雄鸟在这个时候不辞而别，所有的雏鸟和雌鸟就会活活饿死。与大家的猜测相反，这种安排并不是为了防止雌鸟偷情的小伎俩，而是防御鸟巢偷袭者的措施。

　　当然，并不是所有信奉一夫一妻制的生物在看到同性的时候，都要将对方杀死，或者将自己或配偶连续数个星期藏在树干中，或者分散在一片危机四伏的地区，或者产下可以装满一卡车的子孙。比如说寒鸦，他们经常是择群而居，因而勾引邻居的女人太容易了，但他们却不会这么做。寒鸦这种自我克制的原因目前还不太清楚，但我猜一定是互相毁灭理论在起作用。小寒鸦不好养活，在风不调、雨不顺的年份里，80% 的寒鸦夫妇都会失去自己的小宝宝。这就意味着父母必须将所有精力放在家里，如果只顾着四处调情的话，整个家庭就会破碎。也可能还有经验在起着作用。在那些比较长寿的物种中——寒鸦就是其中之一——和一个熟悉的伴侣在一起有可能大大提高生殖成功率。比如说小天鹅（Bewick's swan，又叫短嘴天鹅），一对夫妇在一起生活的时间越长，后代的存活率就越高。

那么黑鹭呢？嗯，黑鹭的巢穴都不筑在一起，而且他们是凶猛的地盘类动物，面对入侵者绝不手软。但这并不能解释这种动物为什么对爱情忠诚，因为他们还是有很多机会遇见潜在的情人。当夫妇中的一方孵蛋的时候，另一方就会出去觅食，在动物尸体旁或者在栖息地都经常会遇见其他的黑鹭，但这种鸟似乎拥有对爱情忠贞的社会传统。很显然，黑鹭坚持性行为应该是在鸟巢中进行的私密行为，而不能容忍在公众场合的淫秽、放荡。如果有一只不懂规矩的年轻黑鹭试图在栖息地发生性关系的话，这个可怜的家伙一定会受到邻近黑鹭的轮番攻击。有谁能想到黑鹭会这么正经吗？

亲爱的塔蒂亚娜博士：

天哪！怎么会这样？我是一只时髦、火辣、年轻的加州鼠，但住在我隔壁的那个家伙为什么就不正眼看我一眼呢？他的老婆又老又丑，所以他根本不可能还爱着她。但这位帅哥怎么就如此不解风情呢？

一只为爱神伤的加州鼠

来自美国加州伯克利

　　无论自己的老婆有多老、多丑，雄性加州鼠都不会抛弃她们。这些帅哥（借用你对他们的称呼）只要有了伴侣，哪怕他们明知道自己被一个火辣的小美眉盯上了，也不会干出什么不忠的事情来。所以，如果你想找个爱人，还是从单身汉里挑一个吧，谁让你这么倒霉呢？

　　也许你会奇怪，你的邻居为什么会像坐怀不乱的柳下惠？嗯，我猜在他们的字典中从来就没有"不忠"二字，他们是登徒子的反对者，所以，不难理解他为什么会对你视而不见。目前，加州鼠是毫不掺假的一夫一妻制实践者，夫妇之间相濡以沫，直到一方离世。但如果你观察一下他们的近亲，你会发现他们过着糜烂的生活。所以我们可以大胆地假设：加州鼠这种品性正直的啮齿类，其祖先必定性关系混乱，从一张床跳到另一张床上寻欢作乐。

　　只有当行为检点的夫妇比那些生活放荡的夫妇有更多后代存活下来的时候，整个种群才会从滥交的生活状态转向一夫一妻制。假设这种情况真的发生了，并且假设一夫一妻制有着遗传基础，那么与一夫一妻制有关的基因就会得到传播。逐渐地，种群中的每一个成员都将拥有这种基因（注意，影响雄性和雌性爱情忠诚的基因并不需要完全一样）。所以，我认为你的那位老鼠帅哥很可能拥有强大的、趋向于一夫一妻制的遗传素质（genetic predisposition）。

对于加州鼠的情况我没有更多可说的。至于和你们有一拼的，有着"超级贞节的啮齿类"之美名的草原田鼠（prairie vole），科学家们正在试图了解一夫一妻制在他们身上是否具有遗传基础。所以，让我们简单地了解一下科学家在一夫一妻制的遗传基础如何影响雄鼠的研究方面已经取得了什么进展。

当一只雄性草原田鼠遇到一只雌性草原田鼠之后，他们决定开始约会，通过在 24 小时之内交配 15 ~ 30 次的方式使双方的关系达到稳定。从那一刻起，这对情侣如胶似漆，无休止地缠绵，为对方精心打扮，你可以想象那是一幅多么动人心魄的画面啊。但还不止这些。在失去童贞之前，雄鼠是那种平和的小伙子，从来不会惹是生非；但在经过那一夜的激情之后，他的个性发生了极大的改变。现在，只要他看见任何一只草原田鼠——不论雌雄，只要不是他的伴侣——他就会发起猛烈的攻击。究竟是什么导致了他在性格上的这种转变呢？

是性！对于一只雄性草原田鼠来说，性行为导致其体内分泌出后叶加压素（vasopressi），这是一种由脑垂体后叶分泌的能收缩血管、升高血压并能减少排尿的荷尔蒙。这种荷尔蒙与大脑中的特定受体（receptor）[①]——即后叶加压素 V_{1a} 受体（the vasopressin V_{1a} receptor）——结合，从而改变雄鼠的行为方式。我们之所以说是后叶加压素在作祟，是因为如果你给一只交配过的雄鼠注射一种阻止后叶加压素与受体结合的化学物质，他的行为表现和交配前就不会有什么不同。相反，如果你给一只处男雄鼠注射后叶加压素，他的行为表现就像那些交配过的雄鼠一样，具有很强的攻击性。

　　真是一个猛烈的东西。如果雌性们想给自己的异性朋友"服用"后叶加压素，我必须指出，这种小把戏并不是对任何"人"都有效。尽管在所有的哺乳动物体内都发现了后叶加压素，但是在不同的动物身上，它的效果是不同的。为了证明这一点，让我们来看看山地田鼠（montane vole）——草原田鼠的近亲。山地田鼠性喜滥交，在他们中间从来就不存在稳定的伴侣关系，情侣也很少坐在一起享受浓情蜜意，或者为对方梳理毛发。对于山地田鼠来说，性既不会带来爱情，也不会造成攻击性的行为。给雄性山地田鼠注射后叶加压素之后，他们也不会挑起事端，反而会把自己梳洗一番。

　　对于后叶加压素的不同反应，看来是因为后叶加压素 V_{1a} 受

[①] 受体：与诸如荷尔蒙、抗原、药剂或神经传递素相关联的一种分子结构或场所，位于细胞的表面或里面。

体在大脑中的分布方式不同所造成的——后叶加压素 V_{1a} 受体在
每种动物大脑中的分布方式都不一样。有趣的是，要建立后叶加
压素 V_{1a} 受体在草原田鼠体内的分布方式十分简单。你只要有一
个老鼠的胚胎和包含建立草原田鼠受体指令的基因就可以了。将
这两样东西合二为一——也就是造就一个带有草原田鼠基因的老
鼠——你将得到一个与草原田鼠后叶加压素 V_{1a} 受体分布形式一
样的普通老鼠。如果给这只老鼠注射后叶加压素，他的举止就会
像恋爱中的草原田鼠一样。

上述结果让我们粗略了解了一夫一妻制的基本机理，但整个
证明过程要复杂得多。此外，由于一夫一妻制是不同物种逐渐独
立发展出来的，所以不同物种中一夫一妻制的机理是不同的。还
有，如果性行为也被证明在其他的一夫一妻制物种中具有荷尔蒙
的效果，那么就可以解释为什么许多实行一夫一妻制的动物——
从印度戴冠豪猪（Indian crested porcupine）到点刻隐尾蠊（拉丁
文学名为 *Cryptocercus punctulatus*）——即使不能怀孕，也要定
期交配（尤其令人吃惊的是，豪猪的交配次数要远多于繁殖所必
需的次数，想必豪猪的性爱十分刺激）。此外，还有一点请一定
记住：对一夫一妻制遗传机制的理解与对生物体为什么会进化为
一夫一妻制的理解是完全不同的。

如果有所区别的话，这对于人类又意味着什么呢？眼下，我
们对于人类一夫一妻制的遗传机能还一无所知，但是我很乐于做

出一些推测。

　　人类其实算不上绝对的一夫一妻制物种，离婚率和婚外情就是最好的证明。而且，异卵双生的双胞胎偶尔会有两个父亲（一般这种情况很难被发现，除非两个父亲分别来自不同的两个人种，所以，无法掌握这种情况发生的确切概率）。但人类也并不是疯狂滥交的生物。有些人对自己的伴侣终其一生保持忠诚，只有为数不多的人拥有或者承认自己性伴侣无数。此外，有几项指数将人类从整体上归入了一夫一妻那一列。首先，得考虑到男性和女性身体上的差异。在实行一夫一妻制的物种中，雄性和雌性在体形上大致相当；在少数雄性拥有三妻四妾的物种中，雄性的体形要比雌性的体形大很多。还记得我提到过的南象海豹吗？在这种动物中，成年雄性的体形一般要比成年雌性的体形大2倍，体重最多可以重10倍。在大猩猩中，成年雄性一般要比成年雌性重2倍。相比之下，人类中的男性只比女性的体形略大一点，而且有相当部分的女性比男性还要高大。

　　其次，还要考虑到男子与其他雄性猿类身体上的差异。正如你所知道的，睾丸的大小通常和精子竞赛的风险有关。一般说来，精子竞赛的风险较低的雄性，睾丸对于身材而言比较小——无论是因为他们善于防止自己的三妻四妾红杏出墙，还是因为他们的伴侣对爱情忠贞不渝；精子竞赛的风险较高的雄性，睾丸对于身材而言较大——无论是因为雌性性喜滥交，还是因为雄性喜欢勾引其他雄性的伴侣。雄性大猩猩因为面临精子竞赛的风险较低，所以他们的睾丸比较小。而雄性黑猩猩因为面临精子竞赛的风险较高，所以他们的睾丸简直堪称巨无霸。相比较而言，男人的睾丸尺寸属于中等，这表明男人面临精子竞赛的风险处于低等到中等之间。这一事实加上男人和女人在体形上差别不大，就正好符合了绝大多数实行一夫一妻制物种的特征。

通过血缘检测证实的不忠比例究竟有多高？有谣传说人类的这一比例非常高，大约有30%，甚至更高。但令人吃惊的是，对于这方面的研究其实很少。尽管我对科学文献进行了地毯式的搜索，但所获不多。在这为数不多的资料中，绝大多数都证明不忠的比例很低，只有3%甚至更低；我发现的最高比例是11.8%。对于人类的这一数据，我们在态度上要比对待动物的数据更为谨慎，因为避孕和堕胎使人类避免了因婚外情而有孩子。但在过去，避孕措施和堕胎行为对不忠结果的影响几乎可以忽略不计（因为没有）。通过一些具有创造性的方法，我们可以找到人类历史上的不忠事件。比如在英格兰，一般是子随父姓。除了姓氏，男孩子还从父亲那里继承了其他的东西——他们的Y染色体。因此，如果所有仍健在的同姓男性是某个男人的直系后代，那么他们的Y染色体应该有着一致的遗传标记。如果没有不忠（或者收养）行为的发生，那么姓氏和Y染色体应该是相匹配的。有一项研究分析了所有姓氏为Sykes的男性的Y染色体，这个名字最早出现在 700 年前的文字记录中。调查证明，几乎所有被调查的 Sykes 姓男性在他们的 Y 染色体上都拥有完全一致的遗传标记，这就表明绝大多数现存的姓氏为 Sykes 的人拥有同一个祖先。据估计，在过去 700 多年里，嫁给 Sykes 姓男性的女性中，有过不忠（或者儿子系收养）行为的比例，每代大约为 1.3%。

假设从总体上来说，大多数人都是实行一夫一妻制，那么我们需要弄清楚两个问题。第一个问题：究竟是什么原因促使大多数人实行一夫一妻制？对此，有许多种可能的原因，其中或许还包括文化的压力。除了实行一夫一妻制的人一定比那些不实行一夫一妻制的人有着更高的生殖成功率之外，对于其他原因，我们知道的还不多。第二个问题：人类个体之间——就像蟋蟀、蝴蝶和果蝇的个体之间一样——是否在一夫一妻制的遗传倾向上存在着差异。换句话说，即使你不考虑社会道德，有些人是否比别人更遵守自己的结婚誓言？有意思的是，我们可以想象一下，一旦我们在人类行为的遗传方面有了更多的了解，我们将会发现人类不仅对一夫一妻制有着程度不同的倾向，还会知道具有不同倾向的人会有哪些人格特征。你可能还记得，这跟加州唱歌鱼和金龟子一样。研究也许还会证明，睾丸较大的男人（预计精子竞赛的风险很高）喜欢朝三暮四，给其他男人戴绿帽子的可能性更大；而睾丸较小的男人（预计精子竞赛的风险很低）则忠实于爱情、好吃醋，即使性爱过后也会继续缠绵。但现在，这一切都只是推测……

☺　　☺　　☺

对于大多数男人和女人而言，婚戒并不能说明什么——真爱难见，它只是让人难以捉摸的各种生物力共同作用的结果。产生一夫一妻制的原因有很多，但你会发现，只有在疯狂（MAD）[①]的情况下（互相毁灭理论提及的条件下），才能觅到真爱。

---

① 作者在此处运用了一个双关语，MAD 既有疯狂的意思，也是互相毁灭理论的缩写。

第三部分

谁说男人不可少？

　　雄性和雌性形成了基本的、永恒的两个部分，就像硬币的正反两面，她是阴，他是阳。真是这样吗？事实上，他的重要程度不如她。没错，一个物种的生息繁衍可以没有他，但绝对不能没有她。有些物种将雄性的数目保持在最低状态；有些物种甚至把雄性干掉了，再也不用为交配烦恼。更有甚者，两性不是什么永恒不变的东西，在性爱中扮演的角色也不是一成不变的。有些物种甚至超越了阴阳的界限：他们当然有性爱，但比男女之间的那种要有趣得多。谁会这样？什么时候会这样？为什么会这样？他们究竟是怎么做到的呢？想知道答案的话，请继续读下去……

第十一章 列王乱伦记

在人类社会中，传统上只有王室成员实行近亲婚配制；至于其他生物，可不会这么强调血统。猜到什么了吗？纯粹的近亲婚配者几乎完全不需要雄性。那么，大家在什么时候才能接受（或者渴望）性爱只限于给自家人？

亲爱的塔蒂亚娜博士：

发生了一件可怕的事情。我是一只属 *Acarophenax mahunkai* 种的雄螨，是小粉虫（lesser mealworm beetle，成虫叫暗黑甲虫）的天敌。今天早上，当我和往常一样跟自己的一个亲姐姐交配的时候，我妈妈的肚子突然爆裂。我的姐妹们都走散了，只把我一个留在了妈妈的尸体内。这是上天对我和自己的亲姐姐行肮脏之事的惩罚吗？还有什么会降临在我身上？

被吓傻了的螨虫
来自阿肯色州

大事不妙，你完蛋了。你唯一能做的就是借助你那 8 条又粗又短的腿在四周摇摇晃晃，看能不能遇到一个离群的姐妹，好在你断气之前再交配一次。

生活就是这样的不公。你不仅气数已尽，而且你甚至根本就不是什么小粉虫的天敌，你的姐妹们才是，你只不过是她们犯罪的同谋而已。让我把来龙去脉慢慢跟你道来。在你的家族中，雌螨吮食虫卵——准确地说，那是小粉虫下的卵。当一只雌螨吃下一个虫卵之后，她的肚子会比正常情况下胀大 20 倍，成了一个有着小脑袋和四肢的大气球，就像是漫画中大胖子形象的螨虫版。她的孩子——数量多达 50 个——就在她的体内发育、交配，然后她的肚子就会爆掉。从母亲肚子里爬出来的雌性螨虫会找到一只孵化出的小粉虫，然后躲在她的下腹，就像她身上长出的癣。雌性小粉虫在毫不知情的情况下，在产卵的时候也会随身携带着这些可怕的小东西。（这些雌性螨虫可以识别小粉虫的性别吗？我猜能，但没人知道她们是怎么分辨的。）与此同时，你们雄螨不太可能离开母亲的身体，而且几乎在还没来得及生存之前就已经死了。

你会因为和你的姐姐乱伦而下地狱吗？别担心。不管地狱是否存在，你都不会因为乱伦而下地狱。如果你翻翻《自然界名人录》的话，你就会发现许多生物都跟你一样，即使乱伦，也没有产生什么不好的后果。当然，这种行为并不是对每种生物都有利，比如说人类近亲相交产下的后代很可能多病或者畸形。但这并不是神因为畸恋降下的什么惩罚，而是一种遗传结果。

乱伦造成的问题都得归咎于隐性基因。那么什么是隐性基因呢？这太容易回答了，我亲爱的螨虫先生。人类和绝大多数有性生殖的生物体都有两套染色体，即每一个基因都是成对的，一个来自他们的母亲，另一个来自他们的父亲。如果这两个基因不同，那么双方的相互作用就会对遗传特征造成影响，比如说眼睛的颜色等等。但不管怎样，结果非常简单——一个基因会战胜另一个基因。胜利的基因就是显性基因，而失败的基因则是隐性基因。因此，除非某个生物继承而来的两个基因都是隐性基因，否则就不会显现隐性基因的特性。如果遗传到隐性基因，很可能是致命的。隐性基因经常出问题，所以如果两个基因都是隐性的，结果不是一生下来就死亡，就是患上严重的疾病。

在隐性基因稀少的情况下，它们可以忽略不计，因为绝大多数拥有隐性基因的个体都只有一个隐性基因。乱伦的危险正是隐藏在这里。由于家庭成员的基因比陌生人之间的基因更为相似，所以家庭成员之间的性行为增加了有害的隐性基因结合的概率。爱人之间的血缘关系越近，他们的基因相似度就越高，那么有害的隐性基因在他们后代身上造成危害的可能性也就越大。让我给你举个例子。当100个人当中有一个人带有隐性基因，在堂兄妹结合之后生下的孩子身上出现两个一模一样的隐性基因的概率，比两个陌生人结合之后生下的孩子身上出现两个一模一样的隐性基因的概率要大7倍；而亲兄妹结合之后生下的孩子身上出现两个一模一样的隐性基因的概率，则比两个陌生人结合之后生下的孩子身上出现两个一模一样的隐性基因的概率要大25倍，因为在这种情况下，隐性基因有很高的一致性。我们再假设在1000万个人当中有一个人带有隐性基因，亲兄妹结合之后生下的孩子身上出现两个一模一样的隐性基因的概率则比两个陌生人结合之后生下的孩子身上出现两个一模一样的隐性基因的概率要大250万倍。

当"近亲交配衰退"（inbreeding depression）非常严重的时候，也就是近亲交配产下的孩子比远系繁殖产下的孩子精力削弱的程度要严重时，乱伦就不可能成为一种普遍现象。原因很简单：和陌生人发生性关系比和家庭成员发生性关系能生出更多、更健康的后代。如果这种偏好存在一个遗传基础的话，与远系繁殖有关的基因就会得以广泛传播。比如，人类和有些哺乳动物一样，都会避免和自己孩提时代的玩伴结婚。在以色列的基布兹（kibbutz，以色列聚居区，尤指合作农场）长大的孩子提供了一个很好的例证：在基布兹的黄金时期，小孩是在合作农场的托儿所长大，而不是在每个小家庭中长大。在成年之后，他们对于自己童年时期的玩伴都毫无欲望。在2769例基布兹孩子的婚姻中，没有一个把儿时的玩伴作为结婚的对象。

　　了解了这么多之后，你可能会奇怪怎么会有人和自己的兄弟姐妹、孩子或者父母发生不正当关系？噢，有几个因素可能会减弱近亲交配衰退的严重程度，或者让乱伦行为成为一种有利的行为。一般说来，乱伦者分为两类：一类是雌雄同体的生物，他们进行最亲密的自体受精（这种繁殖方式一点都不如听起来那么有趣，因为它并不是自己和自己交配。相反，是卵子和精子在你的体内直接移动相遇。但也有例外，比如一种拉丁文学名为 *Dendrobaena rubida* 的蚯蚓就是将自己叠起来，用自己的雄性生殖器官压住自己的雌性生殖器官）。另外一类乱伦者就是像你——我的螨虫朋友——这样的生物，你们和自己最近、最亲的同类上床。其他的螨类、蛲虫①（pinworm）等昆虫也是这样。在其他物种中，乱伦行为非常罕见。那么是什么使得这些生物有着与众不同的性行为方式呢？

　　让我们首先看看雌雄同体的生物吧。大约 80% 的开花植物属于雌雄同株，它们不是开出美丽的花朵——花朵里既有雄蕊，也有雌蕊——就是同时开出雌花和雄花。在这些植物中，有四分之三偶尔会自体授粉，但绝对自体授粉的植物在数量上要少很多。在雌雄同体的动物中，对于自体受精倾向我们了解不多，但可以

---

① 蛲虫：一种蛲虫科的小线虫，是马、兔和其他哺乳动物的寄生虫，能侵入人的大肠和直肠。

肯定的是，许多动物都不会（事实上，是不能）自体受精。仔细想想，这毫不让人吃惊：没有谁比你自己与你更具有亲缘关系，所以自体受精的雌雄同体生物的后代比兄妹结合的后代更易造成近亲交配衰退。但有后代总比没有后代要强，所以不能找到配偶的雌雄同体的生物逐渐转向了自体受精，即使他们明明知道这么做会造成近亲交配衰退。我把这种策略称为"危急状态下的自体受精"（emergency selfing）。比如说白唇蜗牛（white-lipped land snail），他们本来更喜欢跟同类相交，但如果一年都没找到配偶的话，就会放弃等待，进行自体受精。所以对于雌雄同体的生物来说，自体受精的倾向取决于近亲交配衰退和与其他同类交配机会之间的平衡关系。

让我们再来看非雌雄同体的生物。在古代夏威夷人、古埃及人和印加人中间，兄妹之间的乱伦被认为是神的旨意。据埃及神话记载，大地之神盖布（Geb）就是和他的亲妹妹天神努特（Nut）结婚的；印加人相信，太阳之神娶了自己的妹妹月亮之神。古埃及人和印加人的皇族都声称自己是神的后代，所以他们要仿效祖先的行为。在古代的夏威夷，最高首领如果和自己的亲姐妹结婚，他们的儿子就会受到神一般的崇拜，在他面前，所有人都得伏下身体（这个不幸的家伙，白天不得不被关在自己的家里，以免普通民众见到他就得把手上的东西一扔，拜倒在地）。如果最高首领是和自己同父异母的姐妹结婚的话，他们的孩子就不是那么让人敬畏，大家在他面前坐下就可以了。

尽管这只是神话传说，但它值得我们去探究：为什么会有这种风俗，为什么这种风俗没有因为弱智或者伤残人登上王位而消失。至于第二个疑问，我们在历史记录中找不到只言片语，我们不知道当时的人们对近亲交配衰退有什么感受。在上文提到的三个种族中，国王实际上还有很多妻子；如果兄妹结合造成不育或者生下的小孩不适合继承王位，就可能挑选其他的继承人沿袭王位。至于说到这一风俗的起源，有一个说法是，兄妹结合是为了巩固社会阶层的分类。在一个被分为若干阶层的社会中，只有很少的男人配得上高层女人。表亲婚姻（同样伴有某种程度的近亲交配衰退，但程度要轻很多，比如在后代身上出现血友病、哈布斯堡唇等疾病）在欧洲皇室之所以普遍，这至少也是一个主要原因。如果不允许女性与比自己社会阶层低的男性结婚，在一段时期内，这些贵族女性只能选择自己的兄弟。

在昆虫、蛲虫以及螨虫中，乱伦当然与神旨无关。但怎样解释他们对乱伦的热衷呢？重要的一点是，许多昆虫和螨虫以及所有的蛲虫体内只有很少的隐性基因，这就意味着近亲交配衰退的危险非常小。但为什么这些生物比其他的生物拥有更少的隐性基因呢？答案就在于他们独特的遗传系统。

有两种独特的基因系统——每个系统都是各自进化而来——对于清除隐性基因具有极佳的效果。第一个是单倍基因系统

（haplodiploidy），这种系统最为普遍。这个系统中的雌性跟人相似，细胞基因都是双倍体：每个基因都是成对的，父母各提供一个。但雄性却正好相反，是单倍体：雄性来自一个没有经过受精的卵子，所以每个基因只有一个，而且是来自母亲的。换句话说，雄性不需要有父亲，雌性也就不用为了要儿子而交配。"一个男孩的母亲可能还是处女"这句话可没错。

这就使得各种放荡行为成为可能。以拉丁文学名为 *Coccotrypes dactyliperda* 的纽扣虫为例，这种小虫子生活在枣玉（date stone，一种石头，可以做成首饰）挖空形成的洞穴中（不然就住在纽扣里。没错儿，就是衣服上的纽扣）。刚一孵化出来，纽扣虫兄妹之间就开始交配——这还只是开始。如果雌性纽扣虫没有在她出生的那块枣玉内和自己的兄弟成功交配的话，一旦抵达新家，她就会找一个洞穴，然后在里面产下少量未受精的卵子。这些卵子将会成长为雄性纽扣虫。雌性纽扣虫会和孵化出来的第一只雄性纽扣虫交配，然后，在孵化出一大群女儿之前，将那个雄性及其所有的兄弟杀死，但也许会留下一两个儿子让自己的女儿去跟他们交配。

更可怕的是硬皮同胞种黄蜂（拉丁文学名为 *Scleroderma immigrans*）。雌蜂会反复用蜜针刺甲虫的幼虫使其麻痹，然后开始喝他们的血。之后，她把自己的卵子黏在他们的身体上，这样她的孩子也可以加入这场血腥的盛宴。在这种黄蜂中，母亲不仅和自己的儿子交配，还和自己因为乱伦产下的女儿的儿子——也就是她的外孙——交配。这可真让杀父娶母的俄狄浦斯都大为逊色。

第二个基因系统不是那么常见，却更为奇怪。这个系统就是"父性遗传清除系统"（paternal genome elimination），拥有这种基因系统的动物包括各种螨虫和少数昆虫。在这种基因系统中，雄性出自受精卵，这一点跟人类一样。但随后在胚胎发育的早期阶段——这也是最怪异的地方——细胞结构会阻止或者破坏父亲的基因。不管目的或意图如何，结果跟第一种基因系统一样：雄性只有一组基因。

所以你看，在这两种基因系统中，隐性基因都没有机会积聚。由于雄性每个基因都只有一个，所以隐性基因不可能躲藏在健康基因的后面，任何缺陷都会立即暴露在物竞天择的狂怒面前。这就意味着具有有害隐性基因的雄性必死无疑。从另一个方面来说，即使发生了乱伦，也不太可能产生近亲交配衰退。所以，在你们螨虫最早的祖先开始兄妹配的时候，隐性基因压根就没构成过威胁。

亲爱的塔蒂亚娜博士：

我是一只纯种的粟蚕蛾（armyworm moth），我发现自己有只耳朵什么也听不见。我看到书上说这是纵欲的结果，但问题是，我可还是一个黄花大闺女啊（作哭诉状）。我究竟造了什么孽？

　　　　　　　　　　　　一只愤怒的粟蚕蛾
　　　　　　　　　　　来自美国康涅狄格州达连湾

你就放心好了，没什么可担心的，我保证。你有只耳朵失聪，是因为你的这只耳朵里正在举行一场欲火冲天的乱伦狂欢。还记得当你还是一只毛毛虫的时候学过的一首歌吗？

　　聋了，聋了
　　蛾子的耳朵
　　可能是螨虫
　　以此为家了

　　蛾子在休息
　　螨虫在滋生
　　倒霉真倒霉
　　房租都不给

　　螨虫一生下
　　就知怎么办

老天告诉它

神谕昭天下

要进就进那

蛾子的耳朵

蛾子成聋子

听不见，听不见

蝙蝠的午餐

就是他，就是他

　　可能在有一天晚上，当你停在一朵花上面吸吮花蜜的时候，一只螨虫把你的舌头当成了梯子，爬上了你的脸，然后爬过乱糟糟的鳞状物和毛发，直到你的外耳。在检查了你的两只耳朵之后，就挑选一只钻了进去。然后，她又爬向内耳和外耳的"隔断"——一层脆弱的膜，也就是鼓膜——并将其刺穿。经她这么一折腾，你那只耳朵可算永远失去了听力。

　　在住进你的耳朵之后，或许她还会把你的血当晚餐，然后开始产卵，数目达 80 个左右。几天之后，卵开始孵化，小幼螨向后扭动着身体以离开卵壳。首先孵出的是雄性，然后是他们的妹妹。这些雄性螨虫的生长速度比他们妹妹的生长速度要快，所以他们会在你耳朵的最里面准备好一间卧室，然后将他们的妹妹新娘带到那里，甚至还帮助她们蜕皮——经过这最后一次蜕皮，她们可就算长大成年了。

对于这一切，你都毫无察觉。在自然界中，这种事情司空见惯。在行军蚁（army ant）——一种在热带雨林中横扫一切挡路者的蚂蚁——身上，有一种螨虫会寄居在他们的触角上，另外一种螨虫则寄居在他们的脚上。当蜂鸟吸食花蜜的时候，螨虫会趁机爬进他的鼻孔。这种螨虫并不会导致蜂鸟失去嗅觉，他们只是搭乘一段顺风车，在花朵间溜达而已。但是，这些螨虫仍然是一些讨厌鬼，他们喜欢偷食花蜜，能将一朵花分泌出来的一半花蜜啜食一空。人类也是螨虫的宿主，但其中绝大多数都是无害的。毛囊蠕形螨（拉丁文学名为 *Demodex folliculorum*）寄宿在人类的睫毛囊，皮脂蠕形螨（拉丁文学名为 *Demodex brevis*）则寄宿在人类的皮脂腺内。在果蝠（fruit bat）的眼球上甚至也寄宿着螨虫，而鸟类的羽毛茎管里面也寄宿着很多螨虫。

但我们还是回到你耳朵里的性爱派对吧，有件事我最好提醒你：螨虫妈妈产下大约 80 个卵，其中只有 1 个或 2 个是雄螨，其他的都是雌螨。

这一点绝对值得注意，因为一般而言，性别比例的过于失衡十分罕见。在绝大多数物种中，雄性和雌性在比例上大体相当。最早对这种平衡关系做出解释的是罗纳德·费希尔（Ronald Fisher）——正是那个认为"雌性为了拥有性感的儿子，只愿意和最好看的雄性交配"的人。本质上，他的观点是一种供应与需求的关系说。假设在数量上雌性比雄性更多，那么在这种情况下，拥有儿子的父母将比拥有女儿的父母拥有更多的孙子辈，因为男孩子将更少，找到配偶的可能性更大。这样一来，生儿子的基因将因此得到传播，从而减少了性别失衡的状况。同样，如果一开始是男孩子多、女孩子少，性别比例最终仍将趋于平衡，因为只有雌雄比例为 1：1 的时候，才是最稳定的。

人类也许可以提供这种性别比例调整的例子：战争期间，大量男性丧生，性别比例就偏向女性。因此，我们可以想象性别比例的调整因为战争而出现。遵循此项原则，在每次世界大战结束之后，出生人口中男性所占比例明显比战争爆发之前要大（我要强调的是，这种性别调整的机理目前还不清楚，也许这个结果只是一种巧合，而非实证。对此，也一直存在争议）。

因此，性别比例的明显失衡表明一定发生了什么不正常的事情，而这种不正常的事情很可能是一个凶兆：许多寄生生物为了增加自己的传播机会，会干涉宿主的性别比例。比如说潮虫（woodlouse），他们通过卵子的活动将雄性变成雌性。黑足旅鼠（wood lemming）是一种体形短小、粗壮的啮齿类动物，有着毛茸茸的尾巴，生活在北欧、西伯利亚以及蒙古的沼泽地和森林中，因其有时以淹死来结束生命的季节性群体迁徙而闻名。黑足旅鼠拥有一种独特的染色体，这种染色体可以使性别比例偏向雌性。

因此，一个典型的黑足旅鼠种群中，雌鼠的比例高达 70% 以上。

性别比例的高度失衡也是种群中存在乱伦的标志之一。有一种寄宿在麻雀羽毛茎管内的脊管小螨（拉丁文学名为 *Syringophiloidus minor* ），每只雌螨能产下 12 枚卵，但其中只有一只孵化出来是雄螨。类似的，我们派驻在美国阿肯色州的"通讯员" *Acarophenax mahunkai* 螨虫中，一只雄螨竟然有 50 个姐妹。简而言之，在那些顽固不化的乱伦者中，雄性的数量都很少很少。

20 世纪最重要、最具独创性的进化生物学家比尔·汉密尔顿（Bill Hamilton）解开了这个谜团。他指出，在近亲交配的生物中，雌性将找到一个新家——不管是一颗咖啡豆、一块枣玉，还是你的耳朵或我的睫毛囊，总之都是别人不愿开垦的地方。在这种情况下，关于平衡性别比例的争论就毫无意义了。当一个雌性处于孤立状态的时候，她的生殖是否成功只取决于她能生下多少女儿：她不可能通过让自己的儿子去勾引其他人家的女儿来增加自己的孙子辈，因为压根儿就没有别的雌性可供诱惑。因此，女家长只需要产下够自己的女儿受孕的儿子就可以了，多生就是浪费时间和精力。

一般而言，乱伦成性者虑及了降低雄性成本的方方面面。对于雌雄同体的生物来说，这就意味着对雄性器官的投资降至最低。以一种拉丁文学名为 *Utterbackia imbecillis* 的雌雄同体贻贝为例——这是一种寄生在淡水鱼鳃部的寄生生物——随着乱伦（在这种情况下，应该叫自体受精）的增加，其体内用于制造精子的部位变小了。自体受精的植物不再开出妖艳的花朵，因为它们无须凭此吸引传粉媒介。同样，乱伦的雌性也无须生下又高又壮、充满男子汉气概的儿子，只要他能活到让其姐妹怀孕就可以了。可以肯定的是，在近亲繁殖的生物中，儿子都是身材短小、早熟的短命鬼。他们在短暂的一生中可能都不用吃东西，有许多甚至连嘴都没有。令他们意乱情迷的性爱狂欢一结束，这些雄性也就该和这个世界说再见了。终其一生，他们甚至都没有离开过自己出生的豆子、羽茎或者某个动物的耳朵一步。我亲爱的蛾子朋友，一旦你的房客们登陆一朵香味扑鼻的花朵以等待一个经过的新宿主时，她们的兄弟那腐坏的遗体恐怕还留在你那已经受损的耳朵里，成为一个众人唯恐避之不及的鬼魂聚集地。

　　基于一些理由，你还得谢谢他们呢。显然，第一个到达你耳朵的螨虫留下了一些蛛丝马迹，以方便第二只或者第三只螨虫到来开始新的家庭生活。后来者会进入你那只已经被第一只螨虫占据的耳朵里。如果这只耳朵已经被占满了，这种螨虫并不会侵袭你那只仍然正常的耳朵——正如那首歌里唱到的。他们会选择离开，等待一只新蛾子，而不是将你彻底变成聋子，使你成为蝙蝠的猎物。他们这么做很有道理，因为如果你死了，他们也就活不成了。由此，他们已经演化出可以做出正确回应的机制。因此可以推断，乱伦并不总是他们唯一的选择。

　　如果有其他的雌性螨虫进入了你的耳朵，第一只螨虫的儿子就有机会和自己亲姐妹以外的雌性交配，那么产下更多雄性的趋势因而增强。因此，如果某个地方的雌性"殖民者"越多，每个雌性产下的儿子也就越多，性别比例也就更接近平衡。我们以丽蝇蛹集金小蜂（拉丁文学名为 *Nasonia vitripennis*）为例，这种蜂将卵产在丽蝇的蛹中。雌蜂在发现一个丽蝇蛹之后，就刺破蛹壁注入致命毒液，但尸体却保存完好。将卵产在蛹里面之后（大约 10% 的卵为雄性），她就扭头去寻找一个新蛹。如果她找到的蛹已经被其他的同类占据，她将调整卵子的性别比例，产下更多的儿子。

　　她们是怎么做到这一点的呢？丽蝇蛹集金小蜂的雄性是由未受精的卵子孵化出来的。这种遗传系统使雌性很容易控制性别比例，每个母亲都能够决定她的卵子孕育出多少儿子和多少女儿。但你耳朵中的螨虫却拥有另外一种遗传系统，这促进了乱伦行为的产生。在这种螨虫中，雄性发育自受精卵，但父亲的基因在雄性的胚胎阶段就被抛弃了。乍看来，这种遗传系统中的雌性不应该有能力根据环境变化调整后代中的性别比例。但令人诧异的是，她们的确可以做到这一点。通过对一种名为西方盲走螨（拉丁文学名为 *Typhlodromus occidentalis*，一种可以将来自父亲的基因组删除的螨虫）的实验表明，雌性螨虫在别的雌性螨虫出现的时候，会产下更多的儿子。这种性别的转变是否也在你的耳朵里发生？

没人知道，但我猜应该是的。

　　亲爱的塔蒂亚娜博士：

　　　跟任何正派、诚实的红树鳉鱼（mangrove fish）——也就是你说的花斑溪鳉（*Rivulus marmoratus*）——一样，我一直是自体受精。但今天晚上，我回到家后发现在我和一只友善的大地蟹（great land crab，一种陆栖蟹）一同居住的洞穴内，住进来一个陌生人。他自称红树鳉鱼，但他可是真正的男人，跟我完全不一样。他说他想和我做各种坏事，这听起来挺有意思，但我很担心，这会使我受到什么伤害吗？

　　　　　　　　　　　　　　害怕被戏弄的红树鳉鱼

　　　　　　　　　　　　　　来自美国佛罗里达州

　　通常情况下，我会说你就放心去做吧。但具体到你的情况，我们就需要仔细考虑一下了。你们红树鳉鱼有一些非常古怪的风俗习惯，其中一个就是你们喜欢跃出水面，在陆地上玩耍，利用你们的鳍来移动，或者弹跳，或者扭动。这就可以解释你是怎样进入一个大地蟹的洞穴的——螃蟹的家门都是开在陆地上的。更令人称奇的是，你们可以离开水存活两个月之久，这对于一条鱼来说，可算是一项了不得的绝技了。

　　但对于一个遗传学家来说，你们与众不同是因为在自体受精的动物中，你们是唯一的脊椎动物。的确如此，雌雄同体的红树鳉鱼不能互相受精，只能由纯粹的雄性受精。但当雄性数量稀少的时候——比如说在佛罗里达——雌雄同体的红树鳉鱼种群就要全靠自体受精了。

说完这一点，我们再来看看如果你和一个雄性交配会冒什么样的风险。你听说过近亲交配衰退吗？嗯，具有讽刺意味的是，竟然还有一种现象叫作远系繁殖衰退（outbreeding depression）。这种现象是指在有些时候，远亲之间交配产下的后代存活率或者生殖能力很低，甚至低于近亲交配产下的后代。

大致说来，远系繁殖衰退发生的原因有两个。第一个原因，双方的基因可能互相抵触。最明显、最常见、最无趣的例子就是属于不同物种的生物体之间的交配。这种不可理喻的交配行为通常不会产下后代，毕竟物以群分，异种交配是不可行的。但如果两个物种被分离的时间不是太久，这种跨物种的不伦之恋仍然有可能产下后代，比如马和驴交配可以产下骡子——但要注意的是，远系繁殖衰退的现象在骡子身上仍然存在：骡子都是不能生育的。

如果远系繁殖衰退现象不明显，说明种群正处于分化成不同物种的过程中。以细鳞大马哈鱼（pink salmon）为例，每条鱼都有固定的两年生命周期。因此，随着时间的推移，在一条河流中可能会出现不同种的细鳞大马哈鱼，即奇数年细鳞大马哈鱼和偶数年细鳞大马哈鱼。通常情况下，他们不太可能相遇，但如果他们真相遇了——就如同精子和卵子在实验室的试管中相遇一样——虽然他们的后代也能存活，但存活率不如同年细鳞大马哈鱼之间交配所生下的后代。

远系繁殖衰退现象的第二个潜在原因是外部环境。假设个体已经进化出能帮助他们应对特殊地区环境的特征，如果该个体再和来自其他地方、无法适应该地环境的个体交配的话，就有可能将原本有利的基因组合破坏掉。看看无患子虫（soapberry bug）吧，这种生物以无患子树的种子为食，所以被视为一种害虫。为了吃到无患子树的种子，他们会用鸟喙状的口器刺穿无患子树的果实——他们的口器不长不短，刚好可以吃到种子。然而近来，无患子虫开始吃金雨树（golden rain tree，即栾树）的种子。这种植物的种子隐藏在果实更深的位置，这样的话，适合吃无患子树种子的口器就不适合吃金雨树的种子。结果，无患子虫分化出两种类别：生活在无患子树上的是专吃无患子树种子的短嘴无患子虫，生活在金雨树上的是专吃金雨树种子的长嘴无患子虫。这两种无患子虫之间的交配可能打乱喙的长度，这种杂交的后代可能哪种果实也吃不到。

在你得出你究竟是因近亲繁殖还是远系繁殖而受害的结论之前，我应该告诉你，在一个物种中，远系繁殖衰退的记录案例要远少于近亲交配衰退的记录案例。虽然诚实地说，对于远系繁殖衰退的研究也要远少于对近亲交配衰退的研究，但这绝不是唯一的原因。在许多物种中，近亲交配衰退驱使生物进化出更精密的机制，使生物避免与自己的近亲交配。但对于是否存在避免远系繁殖的机制，我们所知不多。因此，在这种情况下，远系繁殖衰退可能不是交配模式的原因，而是结果，而且是很细微的结果。让我给你举一个例子。远系繁殖衰退最有可能发生在交配双方来自一般情况下没有接触的两个物种中。毕竟，来自不同生命周期的细鳞大马哈鱼没有交配行为，就是因为双方并没有接触。在有些植物中，远系繁殖衰退可能是传粉者行为的结果。由于蜜蜂从这朵花飞到下一朵花之间的距离通常都是固定的，如果距离超过蜜蜂飞行行程的植物交叉授粉，就很容易出现远系繁殖衰退现象。因此，我猜对于我们大多数生物来说，无须过于担心远系繁殖衰退现象。

但红树鳉鱼并不属于"大多数生物"。对于有着自体受精历史的生物——比如说你，我亲爱的红树鳉鱼——来说，远系繁殖衰退有着显著的影响作用。因此，我们至少应该考虑你的后代是否会因为你而背弃传统，和一个纯粹的雄性交配而受到远系繁殖衰退的影响。我这里也没有一个明确的答案，但根据目前我们所知道的，如果你愿意的话，你可以和你的新朋友狂欢一场。这儿有一个证据。

花斑溪鳉生活在热带美洲大西洋沿岸的红树沼泽地中。在这种鱼中，雄鱼非常非常罕见，在绝大多数的族群中，雄性都是偶尔一现。在洪都拉斯，纯粹的雄鱼在整个花斑溪鳉种群中的比例约为 2%；但在伯利兹，不知道是什么原因，雄鱼比较普遍，比例占到整个鱼群的 25% 左右。在这两个地方，雌雄同体的花斑溪鳉都不会拒绝纯粹雄鱼的勾引。尽管还没有对其后代的生殖能力进行评估，但异型杂交并没有带来什么明显的害处。经过异型杂交的鱼无论是尺寸还是形状，都与近亲交配（即自体交配）的后代没有什么区别，而且也没有发现他们有什么怪癖或者身体的畸形。所以，如果你对自体受精已经感到了厌倦，就对性爱说 Yes 吧。

归纳起来，乱伦并不是国王、法老和部落酋长的特权。不仅如此，乱伦对于居住在国王睫毛囊里的那些卑微的寄生虫的好处，比国王殿下通过乱伦获得的好处还要多。无论你的血统是否高贵，我都建议，如果你的身体带有隐性基因的话，就不要和自己的家庭成员打情骂俏。唉！但我们暂时还没有办法知道你的身体是否带有这种基因，所以，我只能在这里提供一些经验规则。

平民的乱伦指南：

1. 如果你对于你和亲戚之间的性爱感到极度厌恶，或者如果你是雌雄同体的生物，而且你拥有使自体受精变得非常困难的一些特征的话，那么乱伦就不适合你们。但我需要补充的是，即使带有隐性基因，雌雄同体的生物还是要做好自体受精的准备——如果有可能的话——以防万一。

2. 如果你不是雌雄同体的生物，而且在你所属的物种中，雄性只有一个基因组，那么乱伦将是你最好的选择。如果你不属于这些物种，我强烈建议你要避免和自己最近、最亲的同类发生性关系。最多，你只能亲亲你的表兄妹、堂兄妹，但一定要避开和自己的亲兄妹、父母和祖父母发生关系。

3. 如果最终你仍然决定乱伦的话，你一定要把对男性的投资降至最低。如果你的儿子在和他们的姐妹或者母亲交配完了之后就死掉的话，你没有任何理由去浪费精力生产一大群又高又壮的儿子。记住："妈妈的好儿子"都是又小又瘦的。

第十二章　夏娃的睾丸

雄性和雌性是如何进化而来的？在此之前，又是什么样子呢？为什么绝大多数的物种只有雌雄两种性别呢？什么时候成为雌雄同体最明智？什么时候你该改变性别呢？究竟是什么使得一个男孩成为男孩，女孩成为女孩呢？这就是性别研究——但肯定与你所了解的不一样。

亲爱的塔蒂亚娜博士：

我是一个黏菌（slime mold），学名叫多头绒泡菌（*Physarum polycephalum*）。我不知道我怎样才能够结婚生子。我只能慢慢挪动，所以要找一个伴侣非常困难，到现在连个鬼影都没见到。更糟糕的是，我听说所有物种都只有两种性别，但我这个物种却有 13 种，而且要想生孩子，我就得先把其他 12 种性别的同类都聚集起来。这怎么可能呢？我真担心因为无子而晚景凄凉。黏菌的性别怎么会这么多呢？

正在寻找 12 个爱人的黏菌

来自罗马尼亚的森林

就 13 种性别？可怜的家伙，你被骗了——在你这个物种中，有 500 多种性别。但别恐慌，你用不着把他们都召集起来。坦率地说，我认为你需要一次针对黏菌生活常识的快速培训。

重要的是要先了解黏菌究竟是什么。对于绝大多数人来说，即使他们偶尔在一截朽木上发现了你，也只会把你当成一种有着黄色条纹的蘑菇，但这显然是错误的。黏菌的生活自成一格，与动物、植物和蘑菇似乎都沾点边。黏菌分好几种，你碰巧就是一种叫作真黏菌的类型。成年期的真黏菌实际上就是一个巨型细胞——大到可以被人的肉眼直接看到。一般情况下，一个细胞由一个细胞核及其周围的细胞质组成，但成年黏菌其实就是一大块细胞质，里面包裹着数百万个细胞核。成年黏菌极其缓慢地向前移动，吞噬前进道路上的所有微生物。黏菌不能交配，所以也就不需要找伴侣。在需要发生性行为的时候，黏菌就变成一种柄状子实体（stalked fruiting body，尤指真菌的特殊产芽孢结构），看起来就像一个带有许多孔状结构的棒棒糖。子实体就像花儿撒播花粉一样将孢子释放到空气中，孢子再变成生殖细胞。

那生殖细胞又是什么呢？人类对此已经作了深入的了解。一个生殖细胞带有一套完整的基因，它有三个使命：寻找、识别来自同类的、相配的生殖细胞，然后与之结合。"相配的"在这儿是什么意思呢？意思就是来自另一种性别的生殖细胞。

你知道，性别决定了谁可以和谁完成生殖过程。或者更确切地说，性别决定了哪些生殖细胞可以结合。在动物中，存在着两种生殖细胞，一种体积比较大（卵子），另一种则体积比较小（精子）。雌性和雄性各生产一种生殖细胞，而雌雄同体的生物既产生精子又产生卵子。大家都知道，两个精子不可能结合形成胚胎，两个卵子也不可能，唯一可行的结合就是一个卵子和一个精子的结合。

　　但在黏菌中，情况则另当别论。跟绿藻、海藻和硅藻等自然的低等生物一样，黏菌的生殖细胞尺寸一致，这种情况叫"同配生殖"（isogamy）①。在与尺寸无关的情况下，生殖细胞的性别便由其他特征决定。大体上，很多特征都可能起到决定作用，细胞表面缺乏或者拥有某种特殊的化学物质就可能是其中的一种决定因素。但至于说你，唉，情况可没有这么简单。

　　黏菌的性别由三种基因决定，这三种基因就是 matA、matB 和 matC。这三种基因每种又有若干种变异，目前已知 matA 和 matB 各有 13 种变异（你所说的你们拥有 13 种性别的错误观念可能就来自这里），matC 则有 3 种变异。现在你要记住：作为一个成年黏菌，每个基因都是成对的。让我们假设你拥有 matA 的 1 型和 3 型两个变异，matB 的 2 型和 4 型两个变异，matC 的 1

---

① 同配生殖：由同形配子的混合或接合而发生的生殖，如在海藻和真菌中进行的生殖。

型和 3 型两个变异。当你变得像一根带有许多孔状结构的棒棒糖，开始产生你的生殖细胞时，每个生殖细胞都带有一套完整的基因组：包括一份 matA、一份 matB 和一份 matC。因此，每个生殖细胞都可能带有这三种基因变异的任何一种组合。比如一个生殖细胞可能拥有一个 matA1、一个 matB2 和一个 matC1，另外一个生殖细胞可能拥有一个 matA3、一个 matB2 和一个 matC1……你明白我的意思了吧。作为一个黏菌个体，你能产生 8 种形式的生殖细胞——全是 A、B 和 C 三种基因的组合。如果你想让人记住你，就叫你自己"八性菌"好了。在森林里，其他的黏菌也拥有由这 3 种基因的各种变异组成的组合；从 matA1 到 matA13、从 matB1 到 matB13、从 matC1 到 matC3，所有可能的组合加起来有大约 500 多种（的确，由于还有很多的变异等待我们去发现，所以黏菌的性别种类可能还会增加）。

当你的生殖细胞进入这个世界后——黏菌的生殖细胞独立性极强，它们甚至能够进食（你能想象一个精子在前进的途中停下来吃点心吗？）——它们的使命，正如我前面提到的，就是去发现一个相配的生殖细胞，然后和它结合在一起。对于你来说，相配就意味着另一个生殖细胞拥有的 3 种基因的变异与你不同。所以，一个带有 matA1、matB2 和 matC1 这 3 种基因变异的生殖细胞，应该和一个带有 matA12、matB13 和 matC3 这 3 种基因变异的生殖细胞结合，而不是和一个带有 matA12、matB2 和 matC3 这三种基因变异的生殖细胞结合。很复杂，是吧？

但是，你的这种系统并不算怪异。相反，有些学说认为同配生殖的生物就应该拥有很多性别，如果只有两种性别倒奇怪了。让我给你大致解释一下。假设以生殖细胞的观点来看这个世界，再假设你所在的种群中没有性别之分——这就意味着任何生殖细胞之间都可以互相结合。在这样一个种群中，找到一个可以结合的生殖细胞简直是易如反掌。但这其中也存在着缺点：没有性别之分就无法阻止近亲交配。如果你遇到一个来自同一父母的生殖细胞，仍然会上前与之结合。

现在再假设你属于一个拥有很多种性别的种群。性别数目越多，找到一个可以结合的相配的生殖细胞就越容易。与此同时，你乱伦的可能性就小多了：来自同一父母的生殖细胞被允许结合的可能性变小了（在黏菌中，某一个特定的生殖细胞只有 1/8 的可能性和来自同一父母的生殖细胞结合）。换句话说，性别种类的多样性不仅增加了找到可以结合的生殖细胞的可能性，也减少了近亲繁殖的风险。

要怎样才能从无性别发展到有几百种性别呢？第一步——从没有性别之分到两种性别——可能很难，而且对于这一步究竟是怎么迈出去的也存在很多争议（显然，这种变化可能并没有那么难，因为我们知道这已经反复发生过）。尽管如此，只要克服了最开始的困难，从两种性别进化到更多性别就很容易了。原因是，如果一个个体开始制造第三种性别的生殖细胞，那么这些生殖细胞就可以和其他性别的生殖细胞结合（当然不包括它自己）。在开始的时候，这个新性别拥有很大优势，因为与其他两种性别相比，它可以和种群中更多的同类结合。新性别的基因将因此得到传播，直到整个种群达到一种平衡，即三种性别出现的频率相同。如果第四种性别随后出现了，也会发生相同的事情。由于新性别总是具有这种优势，所以性别的数量将逐渐增加。

可是，正如你所观察到的，绝大多数同配生殖的生物都只有两种性别——这是最不便于寻找配偶的情形。换言之，进化出两种以上的性别并不是一件很难的事情，而且两种以上的性别拥有明显的优势，但绝大多数同配生殖的生物仍然坚持两种性别（尽管不一定就是雄性和雌性）。这暗示着有其他一些力量在起着决定作用，正是这些力量严格约束着同配生殖生物所能拥有的性别数量。究竟是什么力量在起着这种作用呢？黏菌怎么就成了一个例外了呢？

没有人能够确定这种制约因素的真面目，但最可能的制约因素是对细胞质中不守规矩的遗传成分控制的需要。你看，在细胞核当中，除了一些有序的基因，绝大多数生物体还有其他的遗传成分，比如说线粒体（除了细菌细胞之外，线粒体几乎存在于所有的生物细胞中）或者叶绿体（存在于植物细胞或者绿藻类的细胞中，负责把阳光转化成能量）。这些成分存在于细胞质中，而且通常数量巨大。它们被视为细菌的残留物，在很久以前，还曾经被视为独立的生物体。在远古时代，细菌采取初基胞（primitive cell）的形式，为了寻求庇护而互相交换能量。但随着时间的推移，他们已经不再能独立活动。现在，他们只包含几个剩下的基因，也就是残余基因。但正如我们知道的，残余物有可能带来麻烦。

如果同时从父母那里继承了线粒体和叶绿体，就最有可能出问题。比方说，来自父母的线粒体可能会互相竞争，而这种竞争又可能会伤害到生物体本身。例如，来自父母中一方的线粒体有可能试图将来自另一方的线粒体驱逐出生殖细胞，这种举动有可能导致线粒体在其应该发挥作用的新陈代谢中失去效力。防止这种问题最简单的方法，就是确保线粒体或叶绿体都来自父母中的一方。

为什么这个因素会将性别的种类制约在两个呢？嗯，目的就是对这些成分的遗传进行严格控制，这一点极其重要。到目前为止，最简单的控制方法就是让一种性别不遗传这些成分，而由另一种性别承担此项工作。许多同配生殖的生物拥有可以确保父母中只有一方传递这些成分的机制。比如说，莱茵衣藻（拉丁文学名为 *Chlamydomonas reinhardtii*）拥有两种生殖细胞——加型和减型。加型负责遗传叶绿体，减型则负责遗传线粒体。

还有另外一项间接证据也指出，控制遗传因素会限制性别的数量。有两种单细胞生物——蘑菇和纤毛虫（ciliate）——都不是通过制造生殖细胞来完成性行为，而是通过双方交换一半的细胞核来完成性行为（这种生殖系统非常奇怪，当你和一个陌生人之间具有了某种遗传统一性后，你们两个突然就成了双胞胎）。非常重要的是，由于细胞质没有转手，所以这些生物无须控制线粒体的遗传。毫无疑问，在这种物种中，性别的种类异常丰富。有一种略带粉红色的、毛茸茸的、生长在树干上的蘑菇，有 2 万多种性别。

所以你看，使得黏菌成为例外的原因不是你们有这么多性别，而是尽管你们有那么多性别，还能将父母双方的细胞质结合。你们是怎么做到这一点的呢？你们的线粒体比其他物种的线粒体表现得更佳吗？当然不是。关键是你们的线粒体仅仅遗传自父母中的一方。matA 基因会决定需要清除来自父母中哪一方的线粒体。由于变异存在等级之分，所以，如果带有 matA12 的细胞与带有 matA2 的细胞结合，matA12 中的线粒体就会被破坏掉；如果是带有 matA12 的细胞与带有 matA1 的细胞结合，matA1 中的线粒体就会被破坏掉。我猜想这种体系很难经常得到进化，因为它的工作方式太烦琐了。而且，我要向来自不同地方的黏菌致敬，他们对这种方式的成功功不可没。

亲爱的塔蒂亚娜博士：

我认为我是整个拉丁文学名为 *Chlamydomonas moewusii*

的绿藻中唯一的雄性：我的生殖细胞既小巧又雅致，而其他绿藻的生殖细胞看起来又大又笨。但成为唯一的雄性并没有让我高枕无忧。那些又大又笨的生殖细胞可以互相结合，所以我并不是那么抢手。事实上，我怀疑我的生殖细胞受到了歧视。这太不公平了！究竟发生了什么事？

随时准备法庭上见的绿藻

来自美国佛罗里达州首府塔拉哈西

我怀疑你成为唯一雄性的时代还没到来呢。你不仅成不了绿藻中一支大家族的"开山鼻祖"，而且你很有可能无子而终。为什么会这样呢？嗯，你这个物种属于同配生殖的生物，而你属于突变型——你的生殖细胞比同类的要小。当你的生殖细胞和一个正常大小的生殖细胞结合之后，受精卵比正常的受精卵要小。可以肯定的是，这将减少受精卵的存活率。

你真倒霉。拥有雌雄两性的物种从同配生殖的物种中分离出来，已经经历了很多很多代。尽管他们不再使用同配生殖，但一般认为，他们的远祖都应该是同配生殖的。那么，从一个拥有两个性别的同配生殖的物种转变成拥有雌雄两性的物种，其中的奥秘究竟是什么？对此，说法有很多，但没有一个定论。

雌雄进化的关键问题是，假设有一股力量有利于生产大个生殖细胞或者小个生殖细胞的生物个体，而不是有利于能生产中等生殖细胞的生物个体，乍看来，很容易想象出生物个体如何受惠于小个生殖细胞——因为其体积小，所以可以大量生产，能比竞争对手生产更多生殖细胞的个体，会拥有更多能与自己的生殖细胞结合的其他生殖细胞。但问题是，正如你看到的，如果因为生殖细胞的个头太小而降低了受精卵成活率的话，生产大量的小生殖细胞并没有太大意义。当然，如果我们假设一个受精卵可以存活下来，它至少应该和两个同配生殖生物的生殖细胞结合后的受精卵一样大小，那么，只有在某些个体开始生产较小的生殖细胞的同时，另外一些个体生产较大的生殖细胞，才有可能进化出雌性和雄性。

那么，究竟是一股什么样的力量促使生物生产数目较少、体形较大的生殖细胞呢？这一点则更容易理解了。最大的可能是，在海水的拍打和浸泡中——最早的雄性和雌性一定会游泳——体积更大的生殖细胞容易被其他的生殖细胞发现，或者是它们散发化学引诱剂（chemical attractant）的效率更高，这就好比扯着嗓门大喊："我在这里，我在这里。"

如果你读过我和黏菌之间的通信，你可能会想，进化出小生殖细胞或大生殖细胞与控制线粒体和叶绿体的遗传是否有关联。你的这种联想很有道理。毕竟，所有的卵子都带有大量细胞质，精子则不带。所以，有可能是她已经携带了遗传元素，而他就可以省事了。

但我要再强调一次,答案也可能并非如此。的确,在大多数分为雌雄两性的物种中,这些元素可能都是遗传自父母中的一方,而这一方并不一定就是母亲。而且,没有任何证据可以证明遗传元素的控制和卵子与精子的进化有任何关联。哦,不,我的先生,恐怕线粒体是你最不用担心的东西。如果你需要的话,可以给自己找个律师,但别指望官司会赢。

亲爱的塔蒂亚娜博士:

我们是加州海兔(拉丁文学名为 *Aplysia californica*),经常举行疯狂的性爱派对,而且这种狂欢聚会要持续好几天。由于是雌雄同体,所以我们同时扮演两个性别。没错,对于我们身体前面的海兔,我们是雄性;对于我们身体后面的海兔,我们是雌性。这种感觉与仅仅身为雄性或者雌性的感觉相比,要棒多了,所以我们很困惑,为什么其他的生物不学学我们呢? 为什么不是所有的生物都是雌雄同体呢?

群交爱好者

来自圣塔卡特琳娜

哇! 海浪下的性狂欢! 我仿佛看到由一群美丽的、貌似脱了壳的蜗牛的动物紧密交织在一起的交配链,而他们身上精美、彩色的薄膜褶皱把这一切都掩盖了起来。你们海兔显然太专注于自己的性狂欢，而对其他雌雄同体生物的性爱方式视而不见。并不是所有雌雄同体的生物都会举办这种狂欢，而是各自有一些稀奇古怪的性爱方式。让我给你们举几个例子。

例1：黑纹石斑鱼（拉丁文学名为 *Hypoplectrus nigricans*，是一种生活在热带的小食肉鱼）。在日落前一两个小时，发情的石斑鱼会在礁石边逡巡，寻找配偶。成对之后，双方会轮流扮演雌性和雄性的角色，在每次排出精子卵子之后，双方会互换角色。

例2：细双身虫（拉丁文学名为 *Diplozoon gracile*）是一种生活在鱼鳃里的寄生血吸虫。在组成对之后，双方就成了暹罗连体人的吸虫版，不再分离，双方的生殖器紧紧地、永久性地联结在了一起。我衷心祝愿他们永远没有讨厌对方的时候。

例3：大蛞蝓（拉丁文学名为 *Limax maximus*）为了准备一次约会，两只蛞蝓会一起坐在树枝上，用大约一个小时的时间分泌出黏液，非常古怪。然后，双方的身体会缠绕在一起，接着他们头朝下一起从树上栽下来——不是掉到地上，而是悬在空中，全靠先前分泌的丝状黏质将他们吊在半空中。随着上下摇摆，从他们头部的两侧露出苍白的带状阴茎。阴茎也在空中摇摆（就在这对亲密夫妻身体下方3厘米的地方），然后缠绕在一起，阴茎头压在一起，交换彼此的精液。这一过程要持续几个小时，而且双方并没有插入的动作。大蛞蝓的近亲红点蛞蝓（拉丁文学名为 *Limax redii*）也是阴茎长在头上，吊在半空中完成性行为。他们的阴茎悬在空中，长达 85 厘米，相当于 3 个香槟酒瓶的长度。说到这里真叫人脑袋充血。

尽管如此，你还是问了一个有趣的问题：为什么不是所有的生物都是雌雄同体？换句话说就是，在什么时候成为雌雄同体的生物比成为一个雄性或一个雌性更好？恐怕这个问题的答案与性狂欢没有任何关系。

以自然界流行的硬通货——子女——作为衡量标准，在通常情况下，只有雌雄同体的个体在性爱的结果上优于单一性别的个体时，雌雄同体的生物才会得到进化。那么，在什么时候会出现这种情况呢？嗯，如果个体数目稀少，致使寻找伴侣变得异常困难的时候，雌雄同体的生物就有了某种优势。雌雄同体的生物能够自体受精，即使他不能（或者不想），原则上说来，他仍然可以和遇到的任何同类交配。或者，当成为雌雄双性不会有太多麻烦的时候，雌雄同体的生物就具有更多的优势。植物为了吸引蜜蜂或者其他生物帮忙传授花粉，不论雌雄，必须开出美丽、鲜艳的花朵，这就给双方带来了一点额外的成本支出。事实上，如果授粉者主要是被花粉所吸引的话，那么雌花就不可能有访问者——因为她们不能产生花粉。与此不同的是，那些通过风来传授花粉的植物不是受到他们能吸引多少授粉者的限制，而是受到他们能传播多少花粉或者他们能结出多少果实的限制。那么在这种情况下，在产出花粉或结出果实方面有专长的植物会做得更好。

　　理论和现实之间究竟有多大联系呢？嗯，通过风来传授花粉
的开花植物趋向于有性别之分，而那些通过动物来传授花粉的开
花植物趋向于雌雄同体。除了通过观察手段，我们很难断定一
种植物究竟趋向于哪种方式。比起已经花样多多的性事，雌雄
同体生物本身更具多样性，在大部分动物种群中——从扁形虫到
鱼——我们都可以找到雌雄同体的例子，甚至在许多种动物中，
雌雄同体成了标准形式。但在有些动物种群中，雌雄同体的现象
非常罕见或者根本没有。比如说，在世界上的 100 多万种昆虫中，
目前只知道有一两种是雌雄同体。在哺乳动物、鸟类、爬虫类和
两栖类动物中，雌雄同体简直是闻所未闻。更令人困惑的是，当
你观察一下雌雄同体动物的分布时，你会发现并没有明显的生态
联系（比如分布密度）。在鱼类中，绝大多数种类都有雌雄之分。
尽管如此，在有些物种中，雌雄同体生物还是分布在截然不同的
环境当中。你可能还记得生活在红树林沼泽中的鳉鱼朋友，还有
我们前面提到的黑纹石斑鱼以及他们的亲戚，所有的热带礁石鱼
类，还有深海雌雄同体生物。与其他生物正好相反，除了少数生
活在深海中的几种，几乎所有的栉水母都是雌雄同体。再来比较
一下双壳类软体动物——有两个可以开合的扇壳——如蛤、贻贝
和藤壶（barnacle，一种蔓足亚纲的海洋甲壳类动物）。在双壳类
生物中，属于寄生类的都是雌雄同体，而受人尊敬的非寄生类则
有性别之分。在藤壶类生物中，情况正好相反，非寄生类的典

型特征就是雌雄同体，而寄生类却有性别之分。这究竟是怎么回事呢？

　　导致这种让人稀里糊涂的局面的原因有三个。首先，从有性别之分的生物进化到雌雄同体的生物可不简单，反之亦然。在这个方面，我们所知不多。但可以肯定的是，从单一性别的生物进化到雌雄同体，必须进化出第二套生殖系统。要达到这个目标很难，需要几个不太可能发生的遗传突变。但在某些种群中，这种转变却比其他种群来得容易。然而，即使这种突变在遗传上并不难实现，仍有一些方面需要仔细考量。比如说，雌雄同体生物可能有些生物习性会阻止其将性别区分开。在雌雄同体的社会中——比如说黑纹石斑鱼——交配行为是以精子或者卵子的交换为基础的，而单一性别的个体就会受到排斥，因为他或者她缺乏最基本的参赛条件。

　　其次，对雌雄同体生物有利的环境存在很大差别，雌雄同体生物的生活方式并没有一个确定的标准。最后，就在你以为可能出现雌雄同体的环境中——比如具有分布的低密度——其他一些解决办法也会出现。比如，成为一个雌雄同体的生物也许并不是在同类数量很少而且分布距离很遥远时的唯一解决之道，想求偶的在固定的时间和空间内聚集起来是一种替代方法。一些海洋生物聚集产卵的现象也许就是一个例证：在每年7月份的满月之时（也可能是因为其他某种标志的出现），数百万的海洋生物都会因为某种神秘力量的召唤而聚集在潟湖产卵。我猜在昆虫中之所以几乎没有雌雄同体生物，是因为他们进化出了其他富有成效的替代方式。

我最后要告诉你的是，并不是所有的生物都分为雌性、雄性或者雌雄同体。在有些生物中是雌雄同体和雄性并存，有些生物中则是雌雄同体和雌性并存。在有些新奇的物种——比如产在墨西哥，依靠蝙蝠授粉的"武伦柱"仙人掌（拉丁文学名为 *Pachycereus pringlei*）——中，雌性、雄性和雌雄同体三种性别都存在。这是否让你想到了"三人行"？

亲爱的塔蒂亚娜博士：

发生了一件可怕的事情。当我高高兴兴地坐在海底的老地方时，突然感到鼻子很痒。作为一只绿叉螠（拉丁文学名为 *Bonellia viridis*），由于没有手，我无法挠痒痒，所以只好用力吸气，但我把我老公也吸了进去。我试过用打喷嚏的方式把他打出来，但他却再也没有出现。有什么办法能把我的老公找回来吗？

一只呼吸沉重的叉螠虫
来自马耳他附近

好了！好了！把老公吸进了鼻子，你就算是哭也没用啦。他倒是盼着被你吸进去，而且他是不可能再回来了。现在，他可能已经住进了你的"小男人的房间"，那是一个位于你的生殖道中的特别房间，他可以坐在那里，使路过的卵子受精。他待在那里会舒服吗？别担心，你的老公可是个小家伙，体积要比你小20万倍。这就好比一个男人还没有铅笔头上的橡皮大。在那里，你藏20个老公都不会有问题。

但你绝对不能因此而鄙视你的小爱人。只是因为很偶然的因素，你才摆脱了成为雄性的命运。绿叉蛏的幼虫孵化出来的时候是没有性别的，他的性别由生命最初几天发生的一些事情来决定。在这段时间里，如果幼虫遇到了一个雌性，他就会成为雄性。如果在3周之后仍然没有遇到一个雌性，他就会找一个舒适的缝隙定居下来，成为雌性。

这听起来可能让人觉得不可思议，但的确如此。然而，在我们详细谈论你那怪异性生活的诸多细节之前，我想提醒你注意一个更为罕见的现象。如果说"雌性"和"雄性"是生物最基本的特性之一，你一定不会反对，毕竟在数百万生物物种中，绝大多数都是有雌雄两性的。所以，你可以想象得到，动物之间成为雄性或者雌性的方式不会有太大的差异，只有你们的情况是独一无二的。但你错了。令人吃惊的是，生物个体性别的决定方式有很多很多种。你们绿叉蛏并不是唯一的性别由社会环境决定的生物。

一般说来，性别不是由遗传决定，就是由环境因素决定。实

际上，在这两个类别里面，存在着各种可能的变化，有许多一再
地得到进化。举例说，特殊的染色体是决定性别的最普通的因素
之一。在哺乳类动物中，雄性拥有一个 X 染色体和一个 Y 染色体，
雌性拥有两个 X 染色体。对于鸟类来说，情况则正好相反：雄
鸟拥有两个 Z 染色体，雌鸟拥有一个 Z 染色体和一个 W 染色体。
至于说果蝇，拥有 XY 染色体的就是雄性；而在蝴蝶中，拥有
ZW 染色体的就是雌性。蜥蜴则在这两种情况中摇摆：在有些蜥
蜴中，拥有 ZW 染色体的是雌性；但在其他的蜥蜴中，拥有 XY
染色体的是雄性。真是怎一个"疯狂"了得！这还只是就染色体
而言。我还没有提到在有些动物中，雄性孵化自未受精的卵子，
一般认为这个系统至少已经进化了 17 次。更别提在有些物种中，
性别是通过众多不同基因之间复杂的相互作用决定的。

环境因素是什么？在许多爬行类动物中，性别的决定因素是
卵在孵化时的温度。比如，在短吻鳄（alligator）和许多蜥蜴中，
如果卵埋在冰凉的沙土中，孵化出来的就是雌性；如果卵埋在暖
和的沙土中，孵化出来的就是雄性。但对于海龟来说，情况则正
好相反。鳄龟（snapping turtle）和鳄鱼则更为怪异：埋在冰凉
沙土中（20℃）和滚烫沙土中（40℃）的卵都将孵化出雌性，只
有埋在暖和沙土中的卵才会孵化出雄性。更奇怪的是一种叫作斯
氏同翅目虫（拉丁文学名为 *Stictococcus sjoestedti*）的热带昆虫，
他们以吸食可可树的树液为生。如果这种昆虫的卵被一种独特的

共生菌类污染的话，孵化出来的就是雌性，没有经过这种菌类污染的卵孵化出来就是雄性。所以，他们都跟你一样，由社会环境决定性别。

对于许多物种来说，社会环境与性别的改变也密切相关。有一种小头虫（拉丁文学名为 *Capitella*），喜欢生活在下水道的污泥中，如果雄虫在一段时间内没有遇见雌虫的话，就会变成雌雄同体。再有牡蛎养殖场里的大害虫舟螺（拉丁文学名为 *Crepidula fornicata*），每个成螺在开始的时候都是雄性。如果一个雄性发现自己太孤独，就会立刻变成雌性，然后开始诱惑其他的雄性。其他的舟螺会叠上去，相互暧昧地纠缠在一起。在舟螺的性行为中，雄性在上：尽管他们的体积很小，但他们的阴茎很长，足以和下面的雌性交配。但随着他们越堆越高，曾经在最上面的雄性发现自己位于中间的位置，于是就将自己变性，在这个过程中他们会将自己的阴茎溶解而成为雌性。更怪异的是拉丁文学名为 *Ophryotrocha puerilis* 的海生蠕虫。当两只雌性在一起的时候，体形较小的那只就将自己变成雄性。但由于雌性的生长速度慢于雄性，雄性很快就成为一对儿中体积更大的那只。在这个时候，双方很快就会转换性别。这种反转现象不停地发生。最后，两只长期厮守的海生蠕虫在死去的时候，都变成了雌雄同体。真是令人羡慕的生活。

一般说来，只有因为环境变化，或者雄性、雌性和雌雄同体的生物繁殖成功率存在很大差距的情况下，才会出现变性的现象。

社会环境有可能不是影响这种性别变化的唯一因素，比如说当雄性体形不够大，不能成功完成繁殖任务的时候，就以雌性的身份作为生命的开始，等长到合适体形的时候，再变回雄性。当一种性别比另一种性别需要面对更多生活危险的时候，挑选性别的能力就很容易获得。

正好又说到你这里了。一只雌性绿叉螠比一只雄性绿叉螠需要冒更多的风险。雌性绿叉螠需要两年的时间进入成熟期，其间她有可能被蝠鲼（bat ray）吃掉；在进入成年期之后，还有可能找不到伴侣。所以，我们很能理解为什么幼虫遇见雌性就会变成雄性：这样不仅可以确保找到配偶，而且一旦她的雄性配备齐全，就可以开始繁殖。至于说为什么你们雌性可以使一只幼虫变成雄性，嗯，是因为你们那可爱的球形身体，特别是你们那长长的、不停抽动的鼻子可以分泌出一种叫"波乃林"（bonellin）的物质，这是根据你们的拉丁文学名命名的。只要一点波乃林，就足以使任何绿叉螠的幼虫变得非常兴奋。

我猜你最想了解的是，为什么你的爱人那么小？究竟是什么奇怪的原因使得自然选择将雄性变小，就像使一个男人变小到一个睾丸那样？据悉，有两种因素促成了这种事情的发生。第一个因素是雌性不移栖，第二个因素是她们稀疏地散布在各地。对于一个雄性来说，最大的挑战就是寻找配偶。他的体形越小，成熟的速度就越快（他就不用将时间浪费在长个儿上），而且可以更迅速地开始寻找配偶。

　　不仅是绿叉蟛喜欢小体形，侏儒爱好者在各物种中有着广泛的分布。以生活在最冷、最深的海洋中的大怪物琵琶鱼（anglerfish）为例。雌鱼经常一动不动地漂浮在黑暗的海水中，很少游动，随时准备伏击猎物。跟那些古代的海盗一样，这些令人畏惧的雌鱼发出夺目的光亮以吸引那些好奇的猎物自投罗网。受害者会被琵琶鱼长满利齿的大嘴一口吞下，然后整个地进入她那可以伸缩的胃。跟你的老公一样，雄性琵琶鱼的体形也非常小，但他们绝对可以赢得"大鼻子情圣奖"，因为就身材比例而言，他们在动物界拥有最大的鼻子。在海洋深处，雄鱼大概是靠鼻子找到雌性的。当雄鱼遇见一条雌鱼的时候，他们就会刺入雌鱼坚韧的黑色下腹，将两者的身体融为一体，逐渐成为雌鱼身体的一部分，跟一对生殖腺差不多大小。不管怎么样，雄性琵琶鱼的命运总比关在你那"小男人的房间"里服无期徒刑要好些吧。

　　亲爱的塔蒂亚娜博士：

　　　我是一个斑点土狼（spotted hyena）姑娘，但我怎么有一个大阴茎呢？这太不符合淑女的风格了。我究竟怎么了？能有什么补救措施吗？

　　　　　　　　　　　　　不想成为男人婆的土狼姑娘

　　　　　　　　　　　　　来自博茨瓦纳

没人会指望土狼成为淑女，特别是你们斑点土狼，在所有土狼中，就数你们体形最大、品行最坏。棕土狼（brown hyena）和条纹土狼（striped hyena）经常跟秃鹰抢夺腐烂的动物尸体，他们偶尔也会吃些野果。土狼（aardwolf）外表俊美，有着黑白绒毛，以收获者白蚁（harvester termite）为食，他那黏糊糊的舌头一晚上可以舔食 20 多万只白蚁。你们斑点土狼是最让人害怕的食肉动物。一只斑点土狼就可以猎杀一只成年雄性角马（wildebeest，又名牛羚），要知道成年雄性角马的体重可是斑点土狼的 3 倍多。尽管斑点土狼和狮子都是著名的捕食者，但狮子从土狼的残羹剩饭中获得的食物远比从其他任何地方获得的食物要多。至少，只要他们能及时赶到，就能抢些吃的。一只斑点土狼可以在两分钟之内咽下一只 2.5 千克重的汤氏瞪羚（Thomson's gazelle fawn）。21 只土狼只要 13 分钟就可以将一只一岁的角马（100 千克重）吃个精光，几乎什么都不会留下。结实的下颚使土狼可以咬碎骨头——甚至是犀牛的骨头——而不仅仅是吃掉猎物的骨髓。跟其他的食肉动物不同，土狼连骨头都能消化，所以土狼的粪便是白色的——那几乎都是骨粉。当然，土狼还是会从最美味的部分开始吃起，比如猎物的睾丸、乳房，或者胎儿（如果猎物已经怀孕的话）。

所以你看，你们斑点土狼可不属于那种喝喝茶、吃吃糕点的上流社会，尤其是你们雌性斑点土狼，而这绝不仅仅是因为你们一点都不懂得餐桌礼仪。斑点土狼喜欢群居，每群由一只具有明显优势的雌性当头。除了偶尔一起打猎(特别是猎杀斑马的时候)，斑点土狼很少有合作精神。相反，他们是一哄而上抢食。这正是土狼狼吞虎咽的原因之一，他们必须在其他土狼到来之前，尽可能多地抢一些吃的。对他们唯一能起制衡作用的，就是土狼社群中的等级划分：什么事都必须是雌性首领和她的孩子们优先，并且所有的雌性优先于雄性。不像其他土狼中雌性和雄性的身材差异不大，斑点土狼倒是像食肉猛禽，雌性比雄性要大、要重。至于说生殖器，嗯，没有人能指责你是在羡慕雄性的生殖器。

从外表上看，雌性斑点土狼和雄性斑点土狼的生殖器官非常相像，所以过去斑点土狼一直被误认为是雌雄同体。在雌性斑点土狼身上，貌似雄性生殖器的东西实际上是一个大阴蒂，而且还能勃起。你们的阴唇闭合之后形成一个像阴囊一样的东西，因此，撒尿、交配以及生产都必须通过阴蒂。

怎么会这样？嗯，如果你真想知道……在青春期，阴蒂的开口具有弹性，开口直径可以达到 2 厘米。为了交配，雌性会将阴蒂收起来，就像六角手风琴一样折叠起来，从而形成一个小孔，以便雄性生殖器官插入。斑点土狼在生育方面也非常怪异。对于一个初次生产的斑点土狼来说，生殖道的形状太怪异了。跟绝大多数哺乳动物笔直的生殖道不同，斑点土狼的生殖道是弯曲的，更糟糕的是，生殖道长达 60 厘米，是同样大小的哺乳动物生殖道长度的 2 倍。但脐带又非常短，只有 18 厘米长。所以一旦胎盘剥离，如果生产不当，小土狼就很容易窒息而死。而且，小土狼的头部太大了，很难通过阴蒂部位。所以，如果雌性斑点土狼是第一次生产，阴蒂将会撕裂，以方便幼崽生出来。这不仅仅是一种痛苦的折磨，雌性斑点土狼还有可能因此丧命。科学家估计，10% 以上的雌性斑点土狼在第一次生产的时候会死亡，50% 以上的小斑点土狼一生下来就夭折了（荒谬的是，被撕裂的阴蒂永远不可能再恢复，所以在以后的生产中，雌性斑点土狼就不会面临生命危险了）。

我们得到的是一组奇怪的事实。在斑点土狼中，雌性的生殖器官会让她们付出昂贵的代价，这真让人费解。除非这个器官能带来很大的好处，不然它就是能带来大量好处的其他特征衍生出来的不幸副产品。

让我们从这个器官本身能带来什么好处说起。有两个好处值得一提。第一个好处是，这种貌似雄性生殖器的结构可以使雌性参与到斑点土狼的问候仪式中：斑点土狼集会的时候，会直立起来，互相检查对方勃起的性器官。雌性参与这种仪式可能有助于她们在雄性面前树立自己的威望。尽管这一理论会得到弗洛伊德学说追随者的支持，但仍不足以对这种致命器官进行充分的解释。

第二个好处更不可信：斑点土狼的性爱机制如此复杂，从而使得雌性能够抵抗任何她不想要的求爱，因为在这种结构中，交配需要双方的全力配合，霸王硬上弓绝对是不可行的。然而，在任何一种土狼中都没有强暴的报告。此外，由于雌性斑点土狼比雄性的体形要大很多，加之她们有着巨大的牙齿，因而求爱的雄性都异常礼貌，在靠近雌性的时候无不卑躬屈膝。雌性实在没有必要借助一个雄性生殖器来自我防卫。

　　我想你一定也同意，这两种说法都不是那么令人信服。那么，雌性的这种生殖器是否由于其他什么原因而成为自然选择的副产品的呢？乍看来，这个说法还真有一点道理。一个很可能成为"其他原因"的候选者就是进攻。我们知道，土狼极具进攻性，所以不难想象，具有进攻性的雌性比那些谦逊的雌性更有优势。此外，土狼的胎儿在子宫内受到大量的睾丸激素和其他雄性荷尔蒙——一种让你更有男性气概的荷尔蒙——的影响。这些荷尔蒙激发了子宫内胎儿的进攻性。例如，在胎儿时期与自己的兄弟蜷伏在一起的母老鼠，由于受到高水平雄性荷尔蒙的影响，在长大后，比那些在胎儿时期与自己的姐妹依偎在一起的母老鼠更具进攻性。更为关键的是，如果在子宫内受到高水平雄性荷尔蒙的影响，会造成生殖器官的严重畸形。以人类为例，如果子宫内雄性荷尔蒙的水平太高，会使雌性的阴蒂变大，阴道部分闭合。所以，问题就在于，为了顺应自然选择的规律而增加雌性斑点土狼的进攻性所带来的好处，是否足以弥补通过阴蒂的交配和生育所带来的不利？

也许吧。斑点土狼一生下来就以他们露在外面的牙齿为武器。绝大多数的斑点土狼都是一窝生两只，先生出来的斑点土狼在几分钟之后就开始袭击后生出来的斑点土狼，所以经常导致后者的死亡。杀死自己的兄弟姐妹可以使他独享母亲的乳汁；由于斑点土狼的哺乳期长达一年以上，所以杀死自己的兄弟姐妹可以增加他长大成年的概率。因此，有这样一个说法：子宫中高水平的雄性荷尔蒙是有利的，因为它刺激了幼崽之间的暴力行为。但这种说法仍然没能解释为什么骨肉之间的残杀在同性别骨肉之间的发生频率要高于异性骨肉之间的发生频率，也不能解释为什么姐妹之间的残杀行为要高于兄弟之间的残杀行为。如果骨肉之间的残杀可以解释得通的话，就应该根本不希望有什么兄弟姐妹，不管对方的性别是什么。

一个更具说服力的解释是，进攻性之所以受到青睐，是因为统治关系受到进攻性的影响，而成为统治者可以带来相当可观的好处。经过仔细的比较，我们发现，社会等级较高的雌性斑点土狼开始怀孕的时间更早，每胎之间的间隔时间更短，而且后代存活到成年期的数量是普通雌性后代的 2 倍。这是非常大的差距，从而弥补了雄性阴茎状的阴蒂所带来的损失。

唉！这个谜不会就这么轻巧地找到答案。对斑点土狼阴蒂的研究显示，阻碍雄性荷尔蒙在子宫内的流通并不能将斑点土狼的阴蒂恢复到正常的样子。因此，在很大程度上，雄性生殖器状的阴蒂的发展动机与这些荷尔蒙无关，从而瓦解了雄性生殖器状的阴蒂是为了增强进攻性所带来的自然选择的副产品这一说法。在我们对这个结构的来龙去脉有更多的了解之前，恐怕你长有这个奇怪的、代价高昂的雄性阴茎状的阴蒂的原因仍将是一个谜。

但你的情形却阐明了一个更为普遍的现象。那就是，除了雄性产生精子、雌性产生卵子这一基本事实以外，并不存在一套关于雄性应该怎么样、雌性应该怎么样的成规。我可以给你两个方面的例证——生殖器和幼儿保育。

在无数种动物中，雌性都发展出体内受精的方式，我们假设这是确保卵子和精子相遇的最有效的方式。体内受精可以通过雌性蹲坐在精包上实现，比如有些螨虫和两栖动物就是如此。然而，体内受精经常伴随着阴茎——一种可以输送精液的器官——的进化而变化。阴茎被改造的频率比轮子的转动还要频繁。这可以用来解释为什么在不同的物种中，这个阳刚之气的象征物出现在身体的不同部位——有的长在头上，有的长在嘴里面，有的长在腿上，有的长在触角上，还有的长在鳍上等等，不一而足。在有些动物身上，阴茎看起来非常古怪。比如说蜘蛛吧，他们的阴茎像是把轮子拧成了三角形。你可能还记得，雄性蜘蛛是用由口器改造成的须肢传送精子。但麻烦之处在于，须肢并不和精液的制造部位相连，所以在交配之前，雄性蜘蛛会将一滴精液保存在一张专门制作的小网上，然后再把精液吸入须肢中，就像我们大家给钢笔灌墨水一样。在海马中，拥有阴茎这种生殖器官的是雌性，而非雄性。雌性将卵子送入雄性的育仔囊（brood pouch）中。有一种生活在红海，拉丁文学名为 Sapha amicorum 的海蛞蝓，这种雌雄同体的小东西，雄性生殖器官就长在嘴里面，要想交配接吻就可以了。幸亏他们用不着去看牙医。但是，我所遇到的最古怪的方式可能来自章鱼的三个远亲，他们都离弃海床，搬到了开阔海域。其中最出名的是纸鹦鹉螺（paper nautilus），这是一种美丽如精灵的生物。雌性的身上通体白色，又带有一点紫色、蓝色和红色斑点，有着漂亮的白色外壳，在海水中随波逐流。雄性非常非常小，肉眼几乎都看不到，甚至他的伴侣也经常找不着他。为了让大家看见自己，他们会将自己的阴茎——触须的变体——发射出去，这些阴茎将在雌性体内开始独立生活，而一个雌性可以在同一时间招待好几个这样的客人。这种方式如此奇怪，以至于早期的博物学家把这些阴茎误认为寄生虫。我们可以想象一下雌性纸鹦鹉螺的征婚广告："发射即可，无后顾之忧，为你的器官提供一个可爱的家。"

幼儿保育是大自然另一个最中意的发明，在种类繁多的生物中，其进化程度也不相同。但做母亲的并没有垄断幼儿保育工作：在不同的物种中，保育者的重担有可能落在雌雄同体、雄性或者雌性的肩上。以水蛭为例，这种吸血的雌雄同体生物只会做一些最基本的照料工作，即避免让他们的茧遭到掠杀。但有些水蛭会做得更多。比如说拉丁文学名为 *Marsupiobdella africana* 的非洲水蛭,他们跟袋鼠一样,将宝宝放在自己的育儿袋里面。而一种拉丁文学名叫 *Helobdella striata* 的水蛭,不仅将宝宝黏在父母的腹部,而且还会为他们觅食。或者再以青蛙为例,绝大多数的青蛙产完卵之后就对自己的小宝宝不闻不问了,但有少数青蛙会精心照料小蝌蚪。迷彩箭毒蛙(拉丁文学名为 *Dendrobates auratus*)为了小蝌蚪竭尽全力。这种优雅的小东西生活在中美洲森林的树叶堆中。正如他们的名字一样,这种青蛙以皮肤带毒而闻名。生活在森林中的人用这种青蛙的背部摩擦他们的标枪,标枪上的毒液可以在狩猎时麻痹猎物。但这种青蛙之所以出名还有另外一个原因:雄性迷彩箭毒蛙是模范父亲。在和雄蛙做爱之后,雌蛙会在树叶堆中产下一批卵,然后,由雄蛙照料这些小东西:他先在水坑里面坐一下,把屁股弄湿,然后再回来坐在青蛙卵上,以保持蛙卵的湿润。在这个过程中,他会寻找一个水池,以备在小蝌蚪成熟之后,将他们放入其中。这个水池可能是菠萝顶部或者树缝中积聚的雨水。几个星期之后,当青蛙卵变成了小蝌蚪,他会一次一个地把他们送到精心挑选的水池中。

在现实生活中,幼儿保育方式花样繁多,就像万花筒里不断变幻的彩色玻璃碎片,变幻的套路无数,让人着迷,也经常打破我们先前的揣测。我最喜欢举的一个例子就是寇氏脂鲤(拉丁文学名为 *Copeina arnoldi*)。这种小鱼生活在圭亚那污浊的河流中。

这种鱼令人吃惊之处就在于，他们不在水里面产卵。当雄鱼和雌鱼到了该产卵的时候，会双双跃出水面，黏附在从河岸悬垂到水面上的树叶背后，其间，雌鱼和雄鱼会发生极迅疾的接触。每跳跃一次，雌鱼就产下一些鱼卵，雄鱼同时使其受精。他们不停地重复这个过程，直到雌鱼产下大约 300 枚鱼卵。在随后的三天里，雄鱼会不断地用尾巴溅湿鱼卵，以免鱼卵变得干枯。如果是下雨天的话，雄鱼会给自己放上一次假。我再举一个与你的情况很类似的例子，我的土狼朋友，看看生活在马来半岛的达雅克果蝠（Dayak fruit bat）吧。在这个物种中，雌性和雄性都可以分泌乳汁，一起分担着照料后代的责任。一个长着雄性生殖器的雌性难道比不在水里产卵的鱼儿还奇怪吗？难道比一个能分泌奶水的雄性哺乳动物还奇怪吗？

⊖   ⊖   ⊖

　　性别不是绝对的。下一次，当有人再胡说八道什么"她应该这样，他应该那样"的时候，你可以这么回答他：

　　当你盯着一对佳偶，
　　好奇为什么他是"他"她是"她"时，
　　当心，

一不留神，

你的断言就是一个大错误。

有些会在喝下午茶之前就把性别改变，

有些会觉得性别只有雌雄之分太乏味，

而那条阳刚的鱼爸爸正忙得不可开交——

因为他的宝宝都在等着他哄着睡觉。

面对性别这个主题，自然妈妈很是幽默。

千万别想当然！

记住，

你不会找到任何定规！

第十三章　绝对处女

　　毫无疑问，在过去很多年中，很多朋友给我写信是因为看了我主持的热门电视节目《显微镜下——离经叛道的生活秀》。这个节目的不少嘉宾不是怪异就是变态，当然，观众对那些怪异的性行为已经见怪不怪了。但在几周前，我们的一个节目嘉宾却引起了很大的争议。我不知道大家看了那一集没有，当时现场一片混乱，几乎变成骚乱，我几乎对现场失去了控制，我很抱歉。

　　对于大家的不安我毫不吃惊。参加那期节目的嘉宾并没有什么怪异的性行为，准确地说，她压根儿没有任何性行为。但糟糕的是，在过去超过8500万年中，她的家族成员都没有发生过性行为。正是这一点引起了大家的愤怒。尽管科学家们对于"性"是什么存在很大争议，但都一致认为性是生物繁衍所必不可少的——没有性，生命就无法延续。可是，如果那个节目嘉宾没有性——或者说不需要雄性——就可以延续生命，为什么我们其他人就不可以呢？性究竟有什么用？它已经过时了吗？雄性是否面临灭绝的危险？所有这些问题都归结为生物学最基本，也是最富争议的一个问题：性究竟有什么用？对这个问题我们已经在那期节目中做了充分的讨论，所以我就在这里把那次节目的前前后后详细描述一遍。

　　参加那期节目的人数是我们这个节目开办以来最多的一次。常客都来了：好斗的公羊和他的朋友——傲慢的犰狳——还是坐在第一排的老地方；囊鼠（pocket mouse，一种夜间活动的北美小型掘土啮齿目动物）蜷缩在小型动物观众席；信鸽也待在他们的老位置上。与往常一样，令人肃然起敬的来自刚果河的河豚墨比在淡水箱中上下翻腾。除了这些我们熟悉的老面孔之外，节目现场还来了很多第一次参加我们节目的朋友：我注意到有一群蛤（clam）待在盐水箱的一个角落里；几只看起来病恹恹的巴西蜥蜴闷闷不乐地趴在演播厅左边的墙上；最后几排观众席挤满了激进的女权主义者，在她们穿着的 T 恤衫上印着“谁还需要男人”以及“性只属于懦夫”等标语。整个演播厅充满着激动和对抗的气氛。究竟是什么引起了现场的骚动不安？正是我的嘉宾——玫瑰旋轮虫（拉丁文学名为 Philodina roseola，一种微型多细胞生物，又称蛭形轮虫）小姐。

　　看着玫瑰旋轮虫小姐，你很难想象她能和那些在进化过程中众人皆知的流言蜚语扯上什么关系。由于身材纤细加之半透明，她看起来不大像是一种动物，倒像一个由浅粉红色的装饰玻璃吹制成的袖珍型望远镜。一般情况下，你肯定看不到“望远镜”吃海藻，但在上节目之前，玫瑰旋轮虫小姐显然吃了一些海藻，因为整个晚上，透过她透明的身体，之前那顿大餐一直清晰可见（这都是我的疏忽。通常，为了避免尴尬，我都会建议身体透明的客人在参加节目那天不要吃午餐，但这次我却忘了）。她最惹人注意的地方就是她的头顶，在那里有一对碟状物，碟状物上长满了不停颤动的纤毛，让人产生碟子像轮子般不停转动的幻觉。当然，她的身长连半毫米都不到，所以，为了让众人可以看见她，我们把她安置在一片舒适的苔藓叶上，然后打开显微镜，将她放大的图像投射在我座位旁的屏幕上。我们俩的搭配很协调，我穿着红色的套装，保持着一贯的迷人形象；而她看起来非常清纯。但正是这种清纯惹出了大麻烦。

节目照常开始。我首先对观众的到来表示了感谢，随后介绍了节目嘉宾玫瑰旋轮虫小姐以及她的一些兴趣爱好，比如她最喜欢去的地方是潮湿、生长着苔藓的地方。但当我说到她违背常理的行为时，骚动就开始了。

　　我：告诉我们，玫瑰旋轮虫小姐，在你的家族成员中，最后一次发生性行为是在什么时候？
　　玫瑰旋轮虫小姐：我想在我的家族中，最后一次与"人"幽会的事发生在大约 8500 万年前。
　　我：（转向观众）大家一定以为自己的耳朵出问题了。（转向玫瑰旋轮虫小姐）从恐龙灭绝之前开始，你们就没有了性爱，甚至连接吻都没有了。为什么会这样呢？

　　玫瑰旋轮虫小姐：我的祖先把雄性都干掉了。她们说没有男人，她们会生活得更好。

　　演播室被嘲笑声和口哨声给淹没了，尽管我也听到了那些激进女权主义者的欢呼声。

　　我：那么，你们怎么繁殖呢？

　　玫瑰旋轮虫小姐：我们可以克隆自己。

　　她的回答使得现场热闹得不可开交，坐在观众席中的囊鼠甚至晕了过去。但我以前也见识过类似的场面。许多动物——特别是那些哺乳动物——对克隆极其恐惧，他们似乎认为克隆将会产生一大群怪物。所以，我不得不提醒大家，所谓的克隆只不过是无性生殖，而这种事情每天都在数十亿的生物身上发生着。为此，我给大家举了几个典型的例子：草莓每天都会长出长匍茎和嫩芽；酵母菌和其他一些生物不停芽殖出新的个体；海绵、海葵和各种蠕虫会分裂成几截，每截都会生长成新的个体；各个物种（包括玫瑰旋轮虫）中的雌性都可以产下无性生殖的卵子。我告诉现场那些已经处于崩溃状态的观众，甚至在哺乳动物中，在胚胎分裂的早期阶段也可克隆。通过这种方式获得的个体并不一定叫"克隆体"，"双胞胎"的称呼也许更礼貌——这是哺乳动物典型的委婉说法。

但奇怪的是，很多人总是忘记克隆有时候并没有什么错，克隆和适当的性爱有利于培育出更健康、更快乐的生活方式。正如我向观众解释的，只有完全放弃性爱才会有麻烦。

乍看来，放弃性行为有很多好处——至少从遗传的观点来说的确如此。性爱可能很有趣，但克隆的效率更高。在其他条件相同的情况下，一个种群中的一个无性生殖的雌性的后代要比雌雄交配产生的后代多一倍。要想知道为什么会这样，就不妨这样思考：在一个存在性行为的种群中——以人类为例吧——每个雌性必须要有两个孩子，整个种群的规模才能得到维持；如果雌性的孩子少于两个，那么整个种群的规模就会缩小；如果雌性的孩子多于两个，那么整个种群的规模就会扩大。但在一个无性生殖的种群中，每个雌性只要有一个孩子，整个种群的规模就可以保持稳定；如果多于一个，种群的规模就会扩大。

但是，尽管无性生殖的状态经常出现——从水母到蒲公英，从蜥蜴到苔藓——但它持续的时间都不会太长。在高大的进化树①（tree of life）上，无性生殖的物种仅仅位于最细的细枝的末梢，

———————

① 进化树：用以表明被认为具有共同祖先的各物种间演化关系的树状图，是一种亲缘分支分类方法。在图中，每个节点代表其各分支的最近共同祖先，而节点间的线段长度对应演化距离（如估计的演化时间）。

虽然能生出嫩芽，但很少长成枝丫。经过短暂而辉煌的繁盛之后，无性生殖就消失了，真可谓昙花一现。这使得科学家们得出了"无性生殖只是进化之路上的死胡同，是通向灭绝的快车道"这样的结论。科学家们坚持认为，性行为才是生命延续的正道。这样说来，那些生活在远古时代的无性生殖生物都应该灭绝了才对。根据他们的理论，玫瑰旋轮虫在放弃了性爱之后，很快就应该从这个世界上消失才对。

但是，为了表达对所谓的科学预言的蔑视，玫瑰旋轮虫小姐在苔藓叶子上对着我们做了一个挑衅的手势。为什么玫瑰旋轮虫可以成功，而其他很多生物却失败了呢？或者回到我们的中心问题，如果她们可以无性生殖，那么我们呢？

在作了这番铺垫之后，我告诉大家可以自由提问。跟往常一样，我提醒观众席中体形最小的观众可以通过走道走到显微镜前。一开始的问题多半是对玫瑰旋轮虫小姐的话提出质疑，但这是可以理解的。比如有观众问她，她的家族中没有人拥有性爱是什么意思？她的意思是玫瑰旋轮虫之间只有亲密爱抚，却没有生殖器的接触吗？不，她并不是这个意思。但她的话还没有说完，就发生了一件令大家非常尴尬的事情：有两个细菌竟然试图在进行直播的摄像机前交配。

墙上的银幕照亮了，有观众跑到了显微镜的镜头下面。在图像逐渐清晰之后，人家发现原来是两个菱形生物。他们只有大约

10^{-6} 米长，也就是玫瑰旋轮虫小姐的四十分之一。

其中的一个用尖声尖气的声音说了起来："晚上好，各位。我们是一对大肠杆菌（Escherichia coli），朋友们都叫我们伊克莱（E. coli）。许多科学家都把我们当成宠物饲养，所以我们经常在实验室里过着奢侈、舒适的生活。但在野外，我们生活在哺乳动物的体内，帮助他们消化食物。

"对于我们细菌来说，繁殖就是繁殖，性爱就是性爱。跟你们这些所谓的高等生物不一样，我们还没有下流到把这两件事情合二为一，一次完成。我们细菌是无性生殖：我们只需要分裂成基因相同的两个细胞就可以了。性爱对于我们来说，只是获取额外基因的途径，是我们收获生活赐予我们的果实而已。如果人类也能做到这一点的话（他们当然不能），就像会突然获得使腿变得更长或者使眼睛变得更蓝的基因那样。"

正在这个时候，信鸽用挖苦的声音嘀咕了几句："真是幸运的细菌。要是有能防止啤酒肚的基因，我也想要。"

在我将讨论转回到玫瑰旋轮虫小姐身上之前，细菌又接着说道："那么，我们是怎么做到这一点的呢？有几种办法。我们从环境中挑选那些丢弃在自然中的 DNA，我们可以从来来往往的病毒身上搜集 DNA，甚至可以从死亡的细菌身上抢夺基因——专家称之为'恋尸癖'。"

恋尸癖的说法——即使只有细菌是恋尸癖——在观众中造成

了一阵惊恐，有些观众甚至忍不住大叫："变态!"

　　其中一个细菌仍然在兴奋地滔滔不绝："不仅如此，我们还沉湎于跨种类的交配，也就是从其他种类的细菌那里获得基因。但是得有那个心情，我们还是优先选择和同类交配。我们俩将向这位旋轮虫小姐展示一下我们究竟是如何交配的——我将给我的这位朋友一组有用的抗生素抗性基因（antibiotic resistance gene）。看好了，玫瑰旋轮虫小姐，仔细看我们是怎么做的。"

　　在观众愤怒的叫喊声中，其中一个细菌开始朝着另一个细菌伸展出一个管状器官。

　　幸运的是，就在这个时候，节目的技术人员按下了显微镜的开关，使墙上的银幕陷入了黑暗之中。那真是千钧一发的一刻。谈论性爱是一回事，但你们可以想象，如果在镜头前展示赤裸裸的性爱，电视台不把我掐死才怪，我的赞助商们绝对会抓狂（当然，《花花动物》杂志则另当别论）。我的节目会因为出现这种画面而寿终正寝。

　　但这两个好色的小细菌的确帮我说明了一个问题。他们提醒了大家什么是性爱——性爱跟繁殖可不是一回事，只要将来自不同个体的基因组合，就都是性爱。

　　让我惊讶的是，玫瑰旋轮虫小姐对于性爱的种种清楚得很。就跟一个处于青春期的男孩一样，她知道很多很多的性爱理论。但与青春期男孩不一样的地方是，她认为性爱很恶心。我想，如果你也独身了 8500 万年的话，你同样会有这种反应的。

她叹了口气，说道："这些细菌对他们的性生活总是夸大其词。"当然，她是对的。尽管细菌想给大家造成他们是花花公子的印象，但他们的确算不了自然界的浪子。

"绝大多数的细菌在性事上并不太活跃，无论是哪种性爱。"她继续说道，"其中，伊克莱属于性生活最不活跃的那一群。"她的轮子愤怒地转动着，"我希望大家把我们当作细菌中的一种，或者更糟糕的情况是，把我们当作一种病毒。"

她很担心许多观众并不真的知道病毒、细菌和大自然母亲的其他孩子之间的区别。如果大家不了解他们之间的差异的话，就意识不到她的独特性。

"病毒不能独立完成繁殖过程。他们必须侵入一个细胞并完全控制它之后，才能产生更多的病毒。事实上，"她用一种鄙夷的口吻说道，"从严格意义上来说，病毒根本算不上一种生物。他们充其量不过是一群无赖基因，坐在小囊中四处游逛罢了。"

我在节目中指出，尽管病毒因为可以带来疾病——从小儿麻痹症到艾滋病——而出名，但有些病毒却值得在古印度的性爱宝典《爱经》中占据一席之地。比如说，人类每年都要研制新的流感疫苗，就是因为流感病毒有时候通过性行为获得新的基因，从而帮他们避开人类的免疫系统。不过，如果玫瑰旋轮虫小姐真是一个病毒或者细菌的话，就不会有人对她的无性生殖大惊小怪了。

问题的关键之处在于，玫瑰旋轮虫小姐跟任何哺乳动物或者鸟类一样，属于真核生物①（eukaryote）。与细菌不同，真核生物的基因隐居在一个特别的地方——细胞核中。真核生物的身材、体形各异，有的属于单细胞，有的——比如玫瑰旋轮虫和人类——则属于多细胞。尽管存在着这些差异，真核生物在性爱上都奉行一种清教徒式的生活态度。只要愿意，细菌和病毒会有许多种混合基因的方式，但真核生物却只有一种。当科学家们说性爱对于延续生命必不可少的时候，他们指的就是真核生物的性爱。

在真核生物的性爱中，你从母亲那里得到你一半的基因，从父亲那里得到你另一半的基因。但为什么是一半呢？那是由一种叫作减数分裂（meiosis）的抓阄法决定的。假设你用两副牌玩一个游戏，每张牌代表一个染色体，也就是一串基因，唯一的规则就是你的每个后代都要得到完整的一副牌。无论是从父亲那里得到黑桃 Q 还是从母亲那里得到方块 J 都无关紧要，哪怕你将两副牌里的红桃 A 撕碎又粘好也没有关系。确实，遗传的这种切割和粘贴是真核生物必不可少的部分。这是基因内部的洗牌，也叫重组。在减数分裂的最后，每个精子和每个卵子都带有一套完整但独一无二的基因混合，就像是一副完整但被重新洗过的扑克牌。

---

① 真核生物：一种单细胞或多细胞有机体，细胞内具有一个明显可见的、被膜包围的细胞核。

当来自不同个体的精子和卵子结合之后，他们因此产生新的基因组合。玫瑰旋轮虫已经有 8500 万年没有看过新的基因组合了。

"在过去的 8500 万年里，没有减数分裂，没有基因交换，没有男人。"玫瑰旋轮虫小姐接着说，"在这 8500 万年里，我们除了克隆，什么也没做，对此，我们非常骄傲。而且，我们认为大家都应该向我们学习。"

看来，她准备继续提倡禁欲，但坐在观众席前排的好斗的公羊跳了起来。他将他的毛修剪成了一个劝告大家"挽救我们的性爱"的徽章。他压根儿不相信玫瑰旋轮虫真的是源自远古的无性生殖的生物，或者说他根本不相信任何远古的无性生殖的生物至今还存在。

在发表演讲的过程中，他不停地点着他的脑袋以强调自己的观点。他咩咩地叫道："咩咩咩咩。玫瑰旋轮虫小姐，你声称你的祖先除掉了男人，放弃性生活达数千万年，如果你说的是大实话……"他为了强调自己的怀疑，停顿了一下，"那可真是耸人听闻。咩咩咩。或许你不知道还有其他生物也说过同样的话，但他们说的从来就经不起推敲。"

公羊显然知道问题的所在。如果远古的无性生殖生物仍在我们的星球上行走，那么物种的分歧就更为显著（我也得发出恭敬的哀怨）。此外，如果他们可以没有性爱、没有男人而继续生存，或许我们也能。所以你们能理解公羊为什么极力把玫瑰旋轮虫小姐描绘成一个骗子了吧。

　　"可能有人还记得黏管目腹毛纲虫（chaetonotid gastrotrich）——一种与玫瑰旋轮虫小姐非常相似的微小动物，他们也是生活在水坑里或者苔藓上。"他说，"跟你一样，他们也声称自己源自远古时代的无性生殖生物。但是，当科学家对他们进行了仔细的观察之后，发现他们能产生精子，我想你不能否认，制造精子与无性生殖是矛盾的吧。

　　"谁又能忘记特拉米尼族的蚜虫①（aphids of the Tramini tribe）呢？咩咩咩。真是会撒谎，这种又肥又小的昆虫也说自己是源自远古时代的无性生殖生物。但这只是另一场骗局而已！基因测试表明，他们根本就是在假装纯洁。的的确确，科学家发现他们将雄性藏在他们居住的野草根中。

　　"从中我们能学到什么呢？"他突然停顿了一下，"除了玫瑰旋轮虫，还有许多物种都表明自己是源自远古的无性生殖生物。介形虫——一种生活在淡水中的小甲壳类动物——也声称自己没有性生活，同样生存了1亿年。咩咩咩。有些甲螨（oribatid mite）也坚称自己在亿万年前就将族群中的雄性给铲除了。其他自诩为超级禁欲者的生物还包括生活在东半球咸水沼泽中的小

_____

① 特拉米尼族的蚜虫：一种蚜虫科软体小昆虫，有特别适合刺入植物体内吸取汁液的口器。

虾，两种分布在北美的蕨类，还有一种蛤。但有证据表明，这些所谓的超级禁欲者的话都是不可信的。

"我可跟你说清楚了，"公羊几近歇斯底里了，"所有称自己是源自远古的无性生殖生物的说法都将被证明是在撒谎，所有假称的独身主义者终将暴露出本来面目！咩咩咩咩咩。玫瑰旋轮虫小姐，你所谓的贞节都是装出来的！跟前面提到的那些生物一样，你只不过把男人都藏了起来，你的伪装迟早会被剥掉！"

公羊坐下来的时候，全场掌声雷动。

我不得不承认，他说到了点子上。在过去很多年中，有着各种各样的生物声称自己是源自远古时代的无性生殖生物，而且的确有许多在最后都被发现不过是一场骗局。到现在为止，对所有远古无性生殖生物的判别都是建立在反面证据的基础之上的——也就是说，如果在一个物种中没有发现雄性，我们就认为他是无性生殖的生物。但是，反面证据很缺乏说服力，而且也很容易被推翻。毕竟，在整个生物界，许多生物的雄性和雌性看起来差距非常大，以至于很多年来，大家都没有意识到他们其实是一对。

嗯，现场的观众群情激奋，但我不得不钦佩玫瑰旋轮虫小姐，因为她一直保持着冷静——她拿出了足以令人信服的证据证明了玫瑰旋轮虫不是骗子，而是真正的远古无性生殖生物。观众惊呆了。令大家惊慌的是，她的证据的确可以证明她和她的女祖先们的确在没有男人、没有减数分裂的情况下，设法存活了数千万年。

她们是绝对的处女，比纯洁还要纯洁，比修女还要修女，是终极处女，是禁欲的模范。

　　她的证据建立在这样一个事实基础上：经过数千万年的无性生殖，对基因的进化已经产生了巨大的影响。"很多代以来，我们都是无性生殖，所以在我们的基因上留下了明显的标记，也就是'分子刺青'。"她扬扬得意地说道，"如果你不停克隆的话，遗传新颖性（genetic novelty）的来源只有一个，导致我和我的母亲、我的外祖母以及我的外外外外祖母的基因有所变化的因素只有一个：基因突变。"

　　我插嘴提醒了一下大家，所谓基因突变就是基因复制系统犯下的小错误。

　　玫瑰旋轮虫小姐继续说道："让我们再回过头去，看看我8500万年前的祖先——在我的家族中因原罪而诞生的最后一个孩子。假设她继承了一对决定轮子数量的基因，一个来自她的父亲，一个来自她的母亲。为了便于讨论，让我们假设这两个基因是一模一样的。从那时到现在已经过了8500万年，由于玫瑰旋轮虫的生命周期是3个星期，所以这段时间共产生了15亿代的玫瑰旋轮虫。所以，你们可以想象得到，我身上的这对决定轮子数量的基因跟其他的轮虫一定是完全不同的，因为每个轮虫都积累了完全不同的基因突变。"

　　要想理解这个过程，最好的办法就是通过类比。假设有一份远古时代的手稿，经过了两个距离遥远、没有任何往来的修道院的僧侣一代又一代地反复抄写，那么如果每一份新的手稿都是抄自前一份手稿，手稿中的错误就会越来越多。除非僧侣在各自的文书房抄写手稿的时候能够心灵感应，否则他们犯的错误就不可能完全一样。随着时间的流逝，两家修道院拥有的手稿之间的差距会越来越大。与之相反，如果有性爱存在，这就正如两家修道院的僧侣之间会定期互相抄写对方的手稿，并且依据来自其他修道院的手稿进行错误修订，加以补充，僧侣之间的交流可以保证手稿之间的差距非常小。

正如玫瑰旋轮虫小姐所解释的，任意一对基因之间的差异都是远古无性生殖的突变标记。

信鸽激动地拍着翅膀飞了起来，从他座位的上方朝着大家嚷道："但是一份古代的文稿经过两个独立团体 15 亿次的抄写，早已经面目全非了！我不相信你还能判断这两份手稿源自同一份手稿！"

"辨别成对基因中的个体基因的确很困难。但幸运的是，在我的这个案例中，它们并没有发生无法辨别的改变。"玫瑰旋轮虫小姐说道。然后，她出示了她的王牌。她对着公羊的方向，得意地转动着她头顶的轮子，出示了基因测试的材料以证明玫瑰旋轮虫的遗传差异是可以预测的，以便让那些指控她是在撒谎的批评者无话可说。玫瑰旋轮虫小姐挥舞着一期《科学》杂志，反驳道："证据是确凿的。我们玫瑰旋轮虫是真正的独身主义者，雄性玫瑰旋轮虫根本就不存在。"

听到这里，坐在演播厅后面的那些激进的女权主义者齐声欢呼道："没错，就是这样的，没人需要男人！"

对此，现场其他的观众却不是那么高兴。当我环顾整个演播厅时，我看到的是一张又一张拉长的脸，演播厅里充满了愤怒的嗡嗡声。没有人能够再质疑玫瑰旋轮虫小姐是源自远古的无性生殖生物这一事实，所以大家开始含沙射影、旁敲侧击地谩骂。观众认为玫瑰旋轮虫无性生殖的成功只是暂时性的遗传畸变，她们跟其他无性生殖生物一样，最终将走向灭亡。盘绕在角落里的一条大蟒蛇举起了一个大牌子，上面写着："玫瑰旋轮虫注定灭亡！"这条蟒蛇发出"嘶嘶嘶"的威胁声，说道："你们必将灭绝，你们这些没有脊柱的老处女！你们必将绝种！"

"到最后，我们都将灭绝，"玫瑰旋轮虫小姐讽刺道，"性爱并不能挽救你们灭绝的命运！恐龙曾经有着疯狂的性爱，但他们现在怎么样了？！你们就是交配到脸色发青、筋疲力尽又能怎么样？如果适合生存的环境消失了，你们的命运将和渡渡鸟①（dodo）的命运一样。无性生殖……"

---

① 渡渡鸟：曾经生活在印度洋毛里求斯岛上的一种大而笨重、不会飞的鸟，17 世纪即已绝种。

小囊鼠勇敢地打断了她的话："但如果你们没有性爱，你们就不能适应将来。如果你们不能适应将来，你们就不会有将来。"

"谁说无性生殖不适应将来了？"玫瑰旋轮虫小姐气得语无伦次，"我将让你知道，我们玫瑰旋轮虫是地球上种类最繁多的物种之一。一共有 360 多种玫瑰旋轮虫义结金兰。我们生活在苔藓、潮湿的土壤、骨灰盒、排水沟以及七大陆的水潭中。无论是在南极的荒地还是苏门答腊岛的丛林中，无论是在含有硫黄的温泉中还是纯净的露珠中，你们都能发现我们。我们的远亲摇轮目轮虫（sonid）一直在交配，但交配对他们来说毫无用处，他们只有两个类别，而且这两个类别都生活在一种虾类的身体上。你们能把这叫作进化的成功吗？呸！我说他们是可怜的失败者。"

我不得不出面制止大家的谩骂。"大家需要注意的是，"我说道，"玫瑰旋轮虫的种类繁多属于一个例外。她们是绝无仅有的有着很多种类的无性生殖生物。经过了 8500 万年的进化，没有人可以肯定地说她们将要绝种，但的确大多数无性生殖的生物都绝迹了。通过对她们为什么不会绝种，以及她们是怎么做到这一点的研究，可以提供为什么我们需要性爱的线索。"

哈利路亚！我终于让现场的观众没把话题扯太远。我解释道，有不下二十种理论试图说明性爱在我们的进化过程中所扮演的角色，然后我又对其中的三个理论进行了简要概括。这三个理论分别是马勒棘轮理论（Muller's ratchet，这一理论是以其创始人、遗传学家赫尔曼·马勒（Hermann Muller）的名字命名的，他因证明了 X 光射线可以造成基因突变而获得了诺贝尔奖），孔德拉绍夫小斧头理论（Kondrashov's hatchet，这个理论也是以它的创立者、俄国生物学家孔德拉绍夫的名字命名的）以及红色皇后理论（Red Queen）。根据棘轮理论和小斧头理论，无性生殖生物的灭亡，是因为在他们体内集聚了太多有害突变——换句话说，无性生殖的生物逐渐死于遗传疾病。而红色皇后理论则正好相反，该理论认为无性生殖生物的灭亡更多情况下是因为天启骑士（horseman of the apocalypse）瘟疫，也就是大家通常所说的传染性疾病造成的。

河豚墨比直接点到了有害突变的问题："玫瑰旋轮虫小姐，没有性行为，你们怎么能除掉有害的基因突变呢？如果你不介意的话，我想说你头上的轮子看起来有点摇摇晃晃。我的视力不太好，所以有可能是因为灯光造成的错觉，但是在你左边的一个轮子看起来像是方形的。依我看，这就是你所说的你们集聚的突变造成的结果吧。"

玫瑰旋轮虫小姐反驳道："我可能是方形的，但我的轮子不是。"她的口气充满信心，但我发誓我看见她在转动她的轮子，检查是不是方的。"如果你不介意的话，我想说我亲爱的河豚，"她继续说道，"作为一种影响进化的因素，突变的作用被夸大了。遗传学家们认为突变有害，是因为他们的研究方法不对。他们只看到了不好的突变。显然，对于你们河豚来说，生下来就没脑袋可不是一件好事；如果你是一只果蝇的话，生下来就没有翅膀可就太糟糕了。如果真是那样子，你可能就要被叫作'行尸走肉'了。但事实上，绝大多数的突变都是中性的，没有好坏之分。当然，它们会改变基因中 DNA 的序列，但不会改变 DNA 所携带的信息。这就好比美国英语和英国英语在一些单词拼写上的差异。比如英国人把'犁'拼作'Plough'，而美国人则把'犁'拼作'Plow'。尽管这两种拼法在书面上看起来不同，但读音和意思都是相同的。"

好了！好了！好了！我早就应该知道玫瑰旋轮虫小姐是个中性主义者，她援引的观点——大部分的基因突变既无害也无益——一直存在很大争议，而且非常激进，我可不能让她误导大家。首先，对于绝大多数的突变是否是中性这个问题存在很大的争议。其次，大家通常都认同当一个突变产生了影响作用，这种影响作用一般是不好的，因为哪怕是很小的随意改变都有可能对生物造成伤害，而非是有益的。换句话说就是，许多不同的基因突变将会使你丧命或者生病，但没有哪种突变可以保证你生命的成功。关于这一点，我们有必要讨论一下棘轮理论和小斧头理论。

根据马勒的棘轮理论，在进化过程中，无性生殖的生物生命越来越短暂，是因为随着时间的推移，他们身上有害突变的数量像棘齿般不可逆转地增多。想象一个刚变成无性生殖的生物种群——为了便于讨论，我们假设一个种群中所有的生物都没有基因突变现象存在。但随着时间的推移，对基因错误的复制将导致他的后代产生基因突变，逐渐地，整个种群将由具有严重变异的个体组成。终究有一天，最后一个没有突变现象的个体不再有子女，那么棘齿"咔嗒"一声向前扣在了一个凹口上。这个过程持续不断，直到所有的个体逐渐变得如此衰弱多病，以致整个种群灭绝。而有性生物则避免了这种命运，因为在每一代，基因都互相混合，产生的个体也就带有较少的突变。

马勒的棘轮理论是一个完整的概念，但这个理论是建立在一系列假设的基础上的，其中最重要的假设就是这些无性生殖的种群规模都不大。在大规模的种群中，总存在一些个体，他们身上的突变较少。而孔德拉绍夫小斧头理论则适用于任何规模的种群。

假设任何个体所携带的有害突变的数量存在一个极限，超越了这个极限，小斧头就会落下来，你就死翘翘了。在有性生殖的物种中，基因的组合创造了一些携带较少有害突变的幸运儿，但也创造了一些携带较多有害突变的倒霉蛋。那些倒霉蛋最终倒在了斧头下，将他们身体里的突变带进了坟墓。通过这种迅速、有效的方式，整个种群得到了净化。但对于无性生殖的生物来说，就没有这么走运了。越来越多的无性生殖生物将超越有害突变的数量极限。根据这个理论，如果发生突变的比例足够高的话，没有性爱，就不可能存活。

我概括了一下："有害的突变可能是绝大多数无性生殖生物最终灭绝的原因。目前，我们还无法直接测定基因突变率，所以，我们目前还无法得出最终的结论。如果证明了在无性生殖的生物中，突变率通常都很低，那么突变就根本不是他们灭绝的原因。但如果证明在无性生殖的生物中，突变率通常都很高，那么玫瑰旋轮虫之所以能存活这么多年，一定是她们已经进化出某种可以降低突变率的方法，而其他的无性生殖生物却没有这种本事。或许……"

突然，一个哀怨的声音插了进来，"啊！玫瑰旋轮虫小姐，如果有传染病你们怎么办？"墙上的屏幕又亮了，上面出现了一张脸。那张脸实在恐怖，有着一个巨大的镰刀形下颚，真是大白天活见鬼了。这个生物继续说道："我是切叶蚁（拉丁文学名为 *Atta colombica*）这个蚁种中一只没有名字的工蚁，我来自巴拿马运河附近一个人丁兴旺的蚁群，数量有 200 万之多。很久很久以前，久到自然妈妈创造出人类以前，我的祖先就已经发明了农业，从那时起我们就骄傲地从事农业生产。其他种类的蚂蚁养殖家畜——比如蚜虫，而我们种植蘑菇。为什么会种植蘑菇呢？这就跟人类种植小麦和稻米为食是一个道理。我们种植蘑菇是因为蘑菇就是我们的粮食——我们不能没有它。所以，我们从各种不同的植物那里采集叶子和花朵，然后做成适合蘑菇生长的堆肥；我们还用我们的粪便给蘑菇施肥；我们还给种植了蘑菇的菜园除草；

为了增加产量，我们还会修剪掉一部分蘑菇；我们甚至还会给蘑菇除害虫。但我们一直生活在恐惧之中，害怕一种会危害整个群体的疾病——*Escovopsis* 病——爆发。"

　　这只蚂蚁甚至连触角都在发抖。她继续说道："*Escovopsis* 是一种能杀死蘑菇的致命疾病，一旦爆发，整个菜园的蘑菇都不能幸免于难。这让我想到了一个问题。我们的蘑菇也是源自远古的无性生殖生物，虽然没有玫瑰旋轮虫小姐您的历史那么长，但也有着 2300 万年的历史。我们通过无性生殖的方式培植蘑菇，当一只新的蚁后离开她的出生巢，出去建立她自己的蚁巢时，会带走一些蘑菇种子，她将这些种子放在自己咽喉部位的一个口袋里。这就是说，我们的蘑菇园就跟现代人类种植的庄稼一样，都是单作①（monoculture），即整个地方的蘑菇都具有相同的基因结构。我们认为，这正是这些蘑菇特别容易得病的原因。我们听说体弱多病是因为某种遗传因素，所以只要一个单作农场出现了一种疾病，只要一天，整个农场的农作物都要遭殃。性爱的好处之一就是，基因的组合可以在与疾病的持久战中缔造某种优势。所以，玫瑰旋轮虫小姐，你们是怎么处理这个问题的呢？"

　　嗯，这只蚂蚁问到的问题，正好把我们带到"需要性爱"的第三个理论：红色皇后理论。

———————————

① 单作：在一个国家或地区内的农场上种植单一农作物。

正如这只蚂蚁所说，无性生殖生物容易感染传染病，或者从广义上说，容易遭受病原——无论是病毒、细菌、菌类或者其他恶心的生物——寄生，一般都具有遗传因素。由于无性生殖生物每代都保持着同样的基因（允许有一两个突变的误差），那么病原很容易就会攻破他们的抵抗，破坏他们的基因克隆。相反，有性生殖生物通过基因的组合，能使病原无法轻易适应宿主。有性生殖的优势就在于它打破了基因组合：创造出基因版的移动标靶。性每次有所行动，病原就得从头开始。红色皇后理论这个名字来自《爱丽丝漫游仙境》。还记得吗？红色皇后对爱丽丝说："现在你看，你必须不停地跑动，才能待在原地。"换句话说，你必须不停地改变，才能停留在原地。

玫瑰旋轮虫小姐还没来得及替自己辩护，傲慢的犰狳就站了起来。灯光打在他油亮的背上，闪闪发光。他轻蔑地挥舞着前腿，说："我是一只九节犰狳，我认为自己很不寻常。犰狳本来在哺乳类动物中就非常非常独特，我甚至可以勇敢地说我们是独一无二的，因为我们一般既进行有性生殖，又进行无性生殖。当一个犰狳男孩遇到一个犰狳女孩，"他窃笑了几声，"我将省略细节，但我想你们肯定知道，犰狳的那个东西特别特别的长，必须得用特殊的纤维组织固定住，所以，你们大家也可以叫我大先生（Mr. Big）。总之，卵子和精子结合之后，细胞开始不停分裂，直到变成 4 个遗传因素完全相同的胚胎。因此，我跟我父母的基因不同，但跟我兄弟的一样，我是我兄弟的克隆体。

"我扯远了。红色皇后理论真正的要点在于：性之所以具有优势，就是因为它使你具有特殊性。单一栽培的植物容易染病，就是因为所有的个体都是同样的克隆体。如果在一块土地上种植的是不同的克隆体，那么疾病就不可能席卷整个土地上的植物，使所有个体都被感染。

"具有讽刺意味的是，正是成功的无性生殖导致了他们的死亡。随着克隆频率的增加，生物就越来越容易染病。造成这一状况的原因有两个：首先，疾病极其容易在相同的克隆体之间传播；其次，疾病传染范围越大，就有越多机会进化出侵入目标的能力。"

观众开始交头接耳。犰狳跺了跺脚，示意肃静。在观众静下来之后，他继续说道："如果你是一个克隆体，你要怎样才能避免普遍化呢？其实很容易就可以做到，你到其他的地方去好了。你们看，当一个克隆体抵达一个新地方时，没错，她将因为自身的独特性而拥有所有的优势。假设她没有随身携带那些病原，再假设她先前所在地的病原比现在这个地方的病原要严重，那么只要她保持迁徙，她就能在没有性爱的情况下继续繁衍。"

"噢，当然！我们的蘑菇当然是在不停地旅行！"蚂蚁说道。

"嗯，在这种情况下，患上 *Escovopsis* 的机会就减少了，"犰狳说道，"但我还不能确定，我猜蚁后携带的蘑菇种子一定是经过精心挑选的，有可能还是经过灭菌处理的。"

"噢，蚁后从来不会带着 *Escovopsis* 旅行。我们可以肯定。"蚂蚁说道。

"所以，我要问玫瑰旋轮虫小姐一个问题，你们旅行吗？这就是你们战胜红色皇后的方法吗？"犰狳用自负的口吻问道。

我觉得这问题问得多此一举，但我猜每个人都想问这个问题。玫瑰旋轮虫小姐的脸色青一块紫一块，用不耐烦的口吻回答道："这个问题的答案就在我本来将要出版的《成功无性生殖生物的 7 个习惯》一书中。但我跟你们说实话，这本书被查禁了。不过既然你们已经知道了这个秘密，那我也就没有必要隐瞒了。

"我认为，旅行的确就是我们成功的秘密。我们玫瑰旋轮虫可以在空间和时间中旅行。当然，我们不能回到过去，没有谁可以做到这一点。但是，我们能进入未来。我们的诀窍就是'脱水干燥法'（anhydrobiosis）。这是一种假死状态，具体来说，就是我们变得干枯，然后被风吹走。"

观众席中有人嘲讽道："丑老婆子本来就是干瘪的。"

玫瑰旋轮虫小姐假装没有听到。"但这么做也存在风险。脱水干燥法很难做到，许多玫瑰旋轮虫再也没有恢复过来。但如果你活下来了，你就能在一个新的地方，在新的时间里开始新的生活，比以前更健康、更快乐。"

为了夺回节目的控制权，我做了最后一次努力。我指出，变得干枯，然后被风吹走，这足以造就无性生殖生物的成功。但是，有些生物也会脱水干燥法，但他们并不属于源自远古的无性生殖生物。我能想象得到，这种在时空中旅行的奇怪能力是玫瑰旋轮虫得以成功延续的一个主要原因。对于无性生殖的生物来说，长期成功是非常难的，肯定需要一些命运的巧妙安排。

　　此时，我已经累得精疲力竭了。但是，节目中的讨论已经到了一个紧要关头：尽管我们还没有得出最后的结论，但似乎我们需要性爱来保持身体健康。基因的组合能够帮助我们避开病魔，减少有害突变的打击。简而言之，性爱使我们幸免于难。

　　我以两个警告结束了节目：在绝大多数物种中，姑娘们除掉所有雄性的做法是不明智的（这句话使得现场的那些激进女权主义者嘘声四起）；但雄性，特别是哺乳动物中的雄性，也不要太得意。"那些雄性哺乳动物可能正忙着沾沾自喜。在所有的动物中，哺乳动物是唯一在成年期还没有发现存在无性生殖现象的动物。哺乳动物中的雄性进化到了一个不可替代的位置，至少从遗传角度来说是如此。目前，成年哺乳动物的克隆不是不可能实现的，但代价太高，技术太不可靠，几近巫术。"

　　所以，男人们，你们现在还是安全的。但如果你们不想被淘汰的话，就应该听我几句。在一些雄性特别懒，并且从来不在儿童保育方面帮忙的物种中，姑娘们对无性生殖尤其感兴趣。但如果雄性能帮帮忙而不是袖手旁观的话，无性生殖带来的好处就会大为减少。

哎呀！在没有骚乱发生、电源插头没有被拔掉的情况下，我终于将节目做完了。我对每名观众的积极参与表示了感谢，并且建议大家为玫瑰旋轮虫小姐鼓掌欢呼："玫瑰旋轮虫万岁！"现场一片欢呼的同时，我说出了节目的结束语："食肉动物们请注意了，严禁吃掉正在离场的来宾。欢迎大家下周继续参加我们的《显微镜下——离经叛道的生活秀》，我们将会给大家呈现另外一些怪异的生活状态。"

　　现在还有点时间回答最后一个问题——就算是告别语吧。对于那些提出问题，我却没有给予回答的朋友，在此我要表示深深的歉意。这次我想提出一个在我脑海中盘桓已久的问题。我们已经了解到，性是物种进化的核心，创造出了令人难以置信的多样性，当然也促生了很多麻烦。性是我们绝大多数生物延续最必不可少的一个元素，节欲几乎总是导致物种的灭绝。但是，性是怎么开始的呢？

　　唉！对这个问题，我们一直没有找到答案。在大约40亿年前，生命出现后不久，某种形式的基因交换就开始了，所以要追溯源头压根儿就是一件不可能的事情。但对于这个问题，有很多稀奇古怪的理论，现在就让我们走马观花地了解一遍。

　　在地球上开始出现生命之后没多久，跟现代的细菌差别不大的微生物就已经进化出来了，我们禁不住想，这些远古微生物基因交换的方式与他们现在的方式应该差不太多。那么，他们为什么会开始交换基因呢？有这样一个理论：基因交换是为了便于修复损坏的 DNA——从同伴那里接受到一组完好的基因序列或许可以用于代替、修复遭到破损的基因。第二个理论——也是更怪异的一个理论——认为，性爱具有传染性。换句话说，之所以有性，是因为某个 DNA 片断为了在整个种群中得到传播而促进了基因的交换。以此类推，我们可以说，感冒促进了人类的滥交——因为滥交可以促进感冒的传播。尽管这种假设听起来荒诞不经，但事实也许真是如此。有一个例子就是，现在的细菌会四处移动进行交配，就是因为它们被一种叫作 F 质粒（F plasmid）的 DNA 片断所侵染。只要拥有了 F 质粒，某个个体就被迫和没有 F 质粒的个体交配，因此，交配的习性也传播开来。

但是，细菌性行为的起源存在不确定性，而跟那些我们目前知之甚少的人类、鸟类、蜜蜂、跳蚤、绿色海藻以及其他真核生物的性行为起源比起来，有关细菌性爱的诸多理论还是比较完整的。记住：真核生物的性行为是一个非常复杂的过程，要求父母中的每一方都贡献出一组完整的基因。这种方式也许只进化过一次，但至于是怎样进化的以及进化的原因，还是一个谜。有人认为，性爱是同类相食造成的——一个细胞吃掉了另一个细胞，以便收集受害者的 DNA。还有一些理论支持"性爱是为了修复 DNA"的说法，但也有一些理论却认为性行为的起源类似疾病——在被染上某种基因元素之后，个体为了这些基因元素的传播而发生性行为。

　　我把这些林林总总的看法留给你们大家，就是希望你们在看到种类庞杂的性爱方式之后，能对别种生物的嗜好更为宽容。至于说到我自己，在我担任性爱顾问之后，我的视野变得越来越开阔，我现在把越来越多的事情视为正常。老实说，我甚至妒忌你们之中的某些朋友（至于究竟是哪些朋友，抱歉，这是个秘密）。无论如何，我希望自己能在帮助你们全面认识问题方面略尽绵薄之力，最重要的是，我希望大家能够放轻松，享受生活的乐趣。再见！

塔蒂亚娜博士

附录

以下是书中部分生物的英文名称和拉丁文名称的对照表。

第一章

Stick insect	*Necroscia sparaxes*
Idaho ground squirrel	*Spermophilus brunneus*
Blue milkweed beetle	*Chrysochus cobaltinus*
Alfalfa leaf-cutter bee	*Megachile rotundata*
Rabbit	*Oryctolagus cuniculus*
Gunnison's prairie dog	*Cynomys gunnisoni*
Sand lizard	*Lacerta agilis*
Slippery dick	*Halichoeres bivattatus*
Golden potto	*Arctocebus calabarensis*
Dunnock	*Prunella modularis*
Red-billed buffalo weaver	*Bubalornis niger*
Gorilla	*Gorilla gorilla*
Argentine lake duck	*Oxyura vittata*
Honeybee	*Apis mellifera*
House mouse	*Mus musculus*
Fox squirrel	*Sciurus niger*
Rat	*Rattus norvegicus*

第二章

Splendid fairy wren	*Malurus splendens*
Yellow dung fly	*Scatophaga stercoraria*
Seaweed pipefish	*Syngnathus schlegeli*
Honeybee	*Apis mellifera*
Rabbit	*Oryctolagus cuniculus*
Roundworm	*Caenorhabditis elegans*
Bulb mite	*Rhizoglyphus robini*
Painter's frog	*Discoglossus pictus*
Jack-in-the-pulpit	*Arisaema triphyllum*
Lemon tetra	*Hyphessobrycon pulchripinnis*
Bluehead wrasse	*Thalassoma bifasciatum*
Garter snake	*Thamnophis radix*
Zebra finch	*Taeniopygia guttata*
Blue crab	*Callinectes sapidus*
Sheep	*Ovis aries*
Adder	*Vipera berus*
Lion	*Panthera leo*
Rat	*Rattus norvegicus*
Golden hamster	*Mesocricetus auratus*
Cactus mouse	*Peromyscus eremicus*
Crested tit	*Parus cristatus*
Leopard	*Panthera pardus*
Tiger	*Panthera tigris*

Puma	*Puma concolor*
Jaguar	*Panthera onca*
Cheetah	*Acinonyx jubatus*
Snow leopard	*Panthera uncia*
Sand cat	*Felis margarita*
Bobcat	*Lynx rufus*
Tree ocelot	*Leopardus wiedii*
Giant water bug	*Abedus herberti*
Long-tailed dance fly	*Rhamphomyia longicauda*
Scarlet-bodied wasp moth	*Cosmosoma myrodora*
Mormon cricket	*Anabrus simplex*

第三章

Bronze-winged jacana	*Metopidius indicus*
Greater rhea	*Rhea americana*
Red-winged blackbird	*Agelaius phoeniceus*
Reed bunting	*Emberiza schoeniclus*
Giant honeybee	*Apis dorsata*
Orange-rumped honeyguide	*Indicator xanthonotus*
Field grasshopper	*Chorthippus brunneus*
Green-veined white butterfly	*Pieris napi*
Shiner perch	*Cymatogaster aggregata*
Zebra finch	*Taeniopygia guttata*
Peacock	*Pavo cristatus*
Mallard	*Anas platyrhynchos*

Harlequin-beetle-riding pseudoscorpion   *Cordylochernes scorpioides*

Harlequin beetle   *Acrocinus longimanus*

Chimpanzee   *Pan troglodytes*

Rat   *Rattus norvegicus*

Yellow dung fly   *Scatophaga stercoraria*

Caribbean reef squid   *Sepioteuthis sepioidea*

Farmyard chicken   *Gallus gallus domesticus*

第四章

Fig wasp   *Idarnes (most parasitic fig wasps have]not been described in enough detail to have a full Latin name)*

Gladiator frog   *Hyla rosenbergi*

African elephant   *Loxodonta africana*

Northern elephant seal   *Mirounga angustirostris*

Burmese jungle fowl   *Gallus gallus spadiceus*

Cheetah   *Acinonyx jubatus*

Two-spotted spider mite   *Tetranychus urticae*

European bedbug   *Cimex lectularius*

Jordan salamander   *Plethodon jordani*

Three-spined stickleback   *Gasterosteus aculeatus*

第五章

Sponge louse   *Paracerceis sculpta*

Bluegill sunfish   *Lepomis macrochirus*

Horseshoe crab	*Limulus polyphemus*
Side-blotched lizard	*Uta stansburiana*
Peacock	*Pavo cristatus*
Bluehead wrasse	*Thalassoma bifasciatum*
Southern sea lion	*Otaria byronia*
Hammerheaded bat	*Hypsignathus monstrosus*
Black grouse	*Tetrao tetrix*
Field cricket	*Gryllus integer*
Bullfrog	*Rana catesbeiana*
Parasitic fly	*Ormia ochracea*
Fringe-lipped bat	*Trachops cirrhosus*
Little blue heron	*Florida coerulea*
Mediterranean house gecko	*Hemidactylus tursicus*
Decorated cricket	*Gryllodes supplicans*
Marine iguana	*Amblyrhynchus cristatus*
Sooty mangabey	*Cercocebus torquatus*
Orangutan	*Pongo pygmaeus*
Chimpanzee	*Pan troglodytes*
Red deer	*Cervus elaphus*
Plainfin midshipman fish	*Porichthys notatus*

第六章

European praying mantis	*Mantis religiosa*
Garden spider	*Araneus diadematus*
Australian redback spider	*Latrodectus hasselti*

Sand shark	*Odontaspis taurus*

第七章

Solitary bee	*Anthophora plumipes*
Mountain sheep	*Ovis canadensis*
Domestic sheep	*Ovis aries*
Giant petrel	*Macronectes halli*
Quacking frog	*Crinia georgiana*
Wood frog	*Rana sylvatica*
Yellow dung fly	*Scatophaga stercoraria*
Northern elephant seal	*Mirounga angustirostris*
Hawaiian monk seal	*Monachus schauinslandi*
Tiger shark	*Galeocerdo cuvier*
Water strider	*Gerris odontogaster*
Pheasant	*Phasianus colchicus*
Pigeon	*Columbia livia*
Seaweed fly	*Gluma musgravei*
Crabeater seal	*Lobodon carcinophagus*
Bison	*Bison bison*
Dugong	*Dugong dugon*
Pygmy salamander	*Desmognathus wrighti*
Southern elephant seal	*Mirounga leonina*
Mink	*Mustela vison*
Sea otter	*Enhydra lutris*
Blue shark	*Prionace glauca*

Round stingray *Urolophus halleri*
Sagebrush cricket *Cyphoderris strepitans*
Little brown bat *Myotis lucifugus*
White-fronted bee-eater *Merops bullockoides*
Lesser snow goose *Chen caerulescens caerulescens*
American lobster *Homarus americanus*

第八章

Moorhen *Gallinula chloropus*
Seed-harvester ant *Veromessor pergandei*
Smooth newt *Triturus vulgaris vulgaris*
Darwin frog *Rhinoderma darwinii*
Japanese cardinal fish *Apogon doederleini*
Burying beetle *Nicrophorus defodiens*
House sparrow *Passer domesticus*
Great reed warbler *Acrocephalus arundinaceus*
Pied flycatcher *Ficedula hypoleuca*
Starling *Sturnus vulgaris*
Northern harrier *Circus cyaneus*
Blue tit *Parus caeruleus*

第九章

Fruit fly *Drosophila melanogaster*
Australian field cricket *Teleogryllus commodus*
Housefly *Musca domestica*

Red deer	*Cervus elaphus*
Rock-boring sea urchin	*Echinometra mathaei*
Oblong sea urchin	*Echinometra oblonga*
Manatee	*Trichechus manatus*
Bonobo	*Pan paniscus*
Adélie penguin	*Pygoscelis adeliae*
Bottle-nosed dolphin	*Tursiops truncatus*
Amazon River dolphin	*Inia geoffrensis*
Stump-tailed macaque	*Macaca arctoides*
Baboon	*Papio anubis*
Razorbill	*Alca torda*
Japanese macaque	*Macaca fuscata*
Rhesus monkey	*Macaca mulatta*

第十章

Black vulture	*Coragyps atratus*
Gibbon	*Hylobates lar*
Jackdaw	*Corvus monedula*
Chinstrap penguin	*Pygoscelis antarctica*
Long-eared owl	*Asio otus*
Kirk's dik-dik	*Madoqua kirkii*
California mouse	*Peromyscus californicus*
Termite	*Reticulitermes flavipes*
African hawk eagle	*Hieraaetus spilogaster*
Fat-tailed dwarf lemur	*Cheirogaleus medius*

Djungarian hamster	*Phodopus campbelli*
Siberian hamster	*Phodopus sungorus*
Banded shrimp	*Stenopus hispidus*
Wreathed hornbill	*Aceros undulatus*
Bewick's swan	*Cygnus columbianus bewickii*
Prairie vole	*Microtus ochrogaster*
Montane vole	*Microtus montanus*
Indian crested porcupine	*Hystrix indica*
Southern elephant seal	*Mirounga leonina*
Gorilla	*Gorilla gorilla*
Chimpanzee	*Pan troglodytes*

第十一章

Lesser mealworm beetle	*Alphitobius diaperinus*
White-lipped land snail	*Triodopsis albolabris*
True armyworm moth	*Pseudaletia unipuncta*
Woodlouse	*Armadillidium vulgare*
Wood lemming	*Myopus schisticolor*
House sparrow	*Passer domesticus*
Great land crab	*Cardisoma guanhumi*
Pink salmon	*Oncorhynchus gorbuscha*
Soapberry bug	*Jadera haematoloma*
Soapberry tree	*Sapindus saponaria*
Round-podded golden rain tree	*Koelreuteria paniculata*

第十二章

Black hamlet fish	*Hypoplectrus nigricans*
Green spoon worm	*Bonellia viridis*
Spotted hyena	*Crocuta crocuta*
Brown hyena	*Hyaena brunnea*
Striped hyena	*Hyaena hyaena*
Aardwolf	*Proteles cristatus*
Wildebeest	*Connochaetes taurinus*
Thomson's gazelle	*Gazella thomsonii*
Paper nautilus	*Argonauta argo*
Green poison arrow frog	*Dendrobates auratus*
Spraying characid	*Copeina arnoldi*
Dayak fruit bat	*Dyacopterus spadiceus*

在喧嚣的世界里，
坚持以匠人心态认认真真打磨每一本书，
坚持为读者提供
有用、有趣、有品位、有价值的阅读。
愿我们在阅读中相知相遇，在阅读中成长蜕变！

好读，只为优质阅读。

性别战争

策划出品：好读文化	监　　制：姚常伟
责任编辑：夏应鹏	产品经理：程　斌
封面设计：609 工坊	内文制作：尚春苓

图书在版编目（ＣＩＰ）数据

性别战争／（美）奥利维娅·贾德森著 ； 杜然译
. -- 北京 ：北京联合出版公司，2022.5
ISBN 978-7-5596-6029-9

Ⅰ. ①性… Ⅱ. ①奥… ②杜… Ⅲ. ①性学—普及读
物 Ⅳ. ①C913.14-49

中国版本图书馆CIP数据核字（2022）第051762号

DR. TATIANA'S SEX ADVICE TO ALL CREATION
by Olivia Judson
Copyright © 2002 by Olivia Judson
Published by arrangement with Georges Borchardt, Inc.
through Bardon-Chinese Media Agency
Simplified Chinese translation copyright © 2022
by Beijing GoodReading Cultural Media Co., Ltd
ALL RIGHTS RESERVED

性别战争

作　　者：［美］奥利维娅·贾德森
译　　者：杜　然
出 品 人：赵红仕
责任编辑：夏应鹏

北京联合出版公司出版
（北京市西城区德外大街83号楼9层　 100088）
北京联合天畅文化传播公司发行
北京美图印务有限公司印刷　新华书店经销
字数180千字　840毫米×1194毫米　1／32　9.75印张
2022年5月第1版　2022年5月第1次印刷
ISBN 978-7-5596-6029-9
定价：58.00元